Gerd Schnack
Hermann Rauhe

TOPFIT durch Nichtstun

RMT – die Formel
für optimale Energie

Mit CD

Kösel

ISBN 3-466-34446-8

Druck und Bindung: Kösel, Kempten
Aquarellzeichnungen: Brigitte Smith, München
Umschlaggestaltung: Elisabeth Petersen, München
Umschlagmotiv: Premium/Stock Image

Gedruckt auf umweltfreundlich hergestelltem Werkdruckpapier (säurefrei und chlorfrei gebleicht)

INHALT

Prolog 7

1 Meditation von Anfang an 11

2 Meditation und Stress in Ost und West 29

3 Quellen der Meditation 39

4 Repetitive Meditationsphänomene in der Natur 47

5 Bewusstseinsänderung durch Meditation 57

6 Positiver Energie-Flow zwischen Denken und Handeln. 71

7 Wie das RMT wirkt 79

Die zentrale Stellung der Atmung.................. 89
Konzentration des Denkens durch repetitive Sprachmuster 97
Repetitive Körperbewegungen mit meditativer Wirkung 105
»Schmetterlinge im Bauch« und der Sympathikus oder Gibt es ein Denken aus dem Bauch heraus? 118

8 Musik, Musik, Musik – das RMT in Atem, Takt und Klang (Hermann Rauhe) 123

9 Glück und gute Stimmung durch Meditation 137

10 Das RMT im Überblick 141

Erläuterungen zur praktischen Nutzung der CD 145

Literatur 149

Dank 151

Zur Person 153

CD mit repetitiver Musik: Umschlaginnenseite

PROLOG

»Ich liebe dich von ganzem Herzen« ist wohl die innigste Offenbarung eines Menschen an einen anderen. Diese Äußerung lässt Rückschlüsse auf innerste Emotionen zu und gibt einen Einblick in die persönliche Sphäre des Gefühlslebens. »Hand aufs Herz« lautet die Antwort, wenn es um die innere Wahrheit geht, und »Ich nehme mir etwas zu Herzen« drückt die Absichtserklärung einer Überzeugung aus. Unser Bewusstsein, unser rationales Denken wird in jedem Falle vom Kopf gesteuert, sprechen wir dagegen von unserem Herzen, so meinen wir auch das Fühlen, Empfinden, den Charakter der entsprechenden »ersten Person«. »Dieser Mensch hat kein Herz« ist in unserem Sprachgebrauch demnach nicht das Synonym der verminderten Arbeitsleistung eines Hohlmuskels, sondern steht vielmehr für die Attribute »kalt, abweisend, verkrustet«.

Obwohl wir im täglichen Umgang unser Herz ständig »auf der Zunge« tragen, ist es auf der anderen Seite so fern und unserem direkten Zugriff entzogen. Ohne unser Dazutun, also vollständig autark, dreht es seine Kreise wie Sonne, Mond und Sterne am Tag und in der Nacht. Das Herz, das unermüdlich in unserer Brust schlägt, kann nur auf Umwegen indirekt erreicht werden – gemeint sind die »Schmetterlinge« im Bauch als Herzschlag- und Pulsbeschleuniger, die aber nur im Zusammenhang mit Lampenfieber, Startunruhe oder einer persönlichen Liebeserklärung zu erreichen sind. Sitzen wir dagegen ruhig in einem Sessel, missachtet unser Herz jeden direkten Befehl zur Beschleunigung oder Verlangsamung, es gehorcht jedoch einer emotionalen Äußerung oder der direkten »Aufforderung zum Tanz«, in dem das rechte und linke Bein im Takt geschwungen werden.

Bis zu unserem Lebensende bewahrt sich das Herz seine Unabhängigkeit bzw. Souveränität, wohl einer der Gründe, warum in unserer Kultur in dieser Arbeitszentrale für Sauerstoff und Energie die Residenz unserer persönlichen Identität, unserer Mitte, vermutet wird. Im Fernen Osten teilt man diese Einstellung nicht, und in einer ganz persönlichen Zusprache wird das Herz gegen die Leber allein über die Formulierung ausgetauscht »Ich liebe dich mit meiner ganzen Leber!«. Denn in Asien geht die Mitte des Lebens nicht vom Herzen, sondern vom Bauchraum aus, ein voluminöser Bauch ist das Synonym von Anerkennung, Wohlstand, Reichtum, Macht und Stärke. Im Gegensatz hierzu betont der Westen mehr Herz und Verstand, und wenn bei uns etwas aus dem Ruder läuft, so hat es eben keinen »Sinn und Verstand«.

Neue medizinische Untersuchungen zeugen jedoch davon, dass auch die einseitige Überbewertung von Herz und Verstand revisionsbedürftig ist, denn es ist inzwischen dokumentiert, dass neben dem Gehirn auch im Bauchraum zentralnervöse Impulse geschaltet werden können, womit belegt ist, dass sich auch wichtige Entscheidungen aus dem Bauch heraus treffen lassen – neben dem Kopf ist also somit auch unser Bauch durchaus an Denkprozessen beteiligt.

Da aber das Herz in unserem Kulturraum stets im Vordergrund steht, uns andererseits doch so fern und der direkte Zugang praktisch verbaut ist, bleibt wie erwähnt nur der Umweg der vegetativen Stimulation über Stress, Bewegung, Begeisterung und Enthusiasmus, um das Herz aus seiner Reserve zu locken und seine Drehzahlen zu erhöhen. Diese beschleunigte Gangart wird über den Sympathikus (Kampfnerv) reflexartig geschaltet; noch schwieriger sind allerdings alle Brems- und Beruhigungsvorgänge, die mit der Regie des Beruhigungsnervs (Parasympathikus) zusammenhängen. Denn im Gegensatz zum Kampf-Flucht-Reflex verfügt der Mensch über keinen ausgleichenden Entspannungsreflex. Meditation und Entspannung wurden uns zwar von der Mutter in pränataler Zeit rund um die Uhr vermittelt und sind somit als unvergessliche Schwingungsstrukturen im Gehirn verankert, sie müssen jedoch neu entdeckt und reaktiviert werden.

Repetitive, also sich ständig wiederholende Schwingungstechniken wie Atmung, Sprache, Musik, Körperbewegungen oder Stimmungsbilder aus der Natur sind es, die uns einen völlig neuen Zugang zu unserem Herzen ermöglichen – verbunden mit einer Fokussierung aller Denkvorgänge im Gehirn, sodass der Mensch auf diese Weise zur Mitte zurückkommt. Meditation ist ein Geschenk, das ohne Mühe und Anstrengung wiedergewonnen werden kann. Es ist ein Weg in eine neue Bewusstseinsstufe, damit Kopf und Herz enger zusammenfinden. Für unser westliches Denken ist dieser Weg immer noch neu, denn er kann ohne Anstrengung und Mühe begangen werden – eine Ausnahme in einer Welt, in der die »Ohne-Schweiß-keinen-Preis-Regel« gilt. Meditation begegnet uns am ehesten, wenn wir alles loslassen und uns geistig und körperlich auf den inneren Kern konzentrieren und damit den Weg zum Herzen öffnen, nach dem Motto:

Der Schlüssel zu unserem Herzen ist die Meditation.

Geh in die Stille und schließe die Augen, repetiere und du wirst Entspannung erleben. Konzentriere dich, achte auf die Atmung, wiederhole ein Leitwort, besser noch einen Leitsatz (wie z.B. »Die Gedanken sind frei – wer kann sie erraten ...«), eine Melodiesequenz oder eine bestimmte Körperbewegung nach deiner Wahl. Auf diesem Wege vergisst du die Welt um dich herum und du fällst hinter dein willentliches Denken zurück, sodass die Worte ihre eigentliche Bedeutung verlieren.

Das ist wirklich alles und durch diese Erwartungshaltung wird über den Zugang zum Herzen die allgegenwärtige Stressspannung von Ruhe und innerem Frieden abgelöst.

Fritz Hegi schreibt in seinem Buch *Improvisation und Musiktherapie*: »Sag ein beliebiges Wort, zum Beispiel Kirche, so oft hintereinander, bis du merkst, daß es den Sinngehalt verliert, und fahre fort, über den Punkt hinaus, wo eigentlich auch die Sprechwerkzeuge, die Bewegung von Stimmband, Zunge, Kiefer und Lippen versagen wollen. Du kannst dabei zu dem überraschenden Ergebnis kommen, daß die Musik und die Bewegungen

(Rhythmik) eines Ausdrucks so dominant werden, daß der denkende Kopf, unser weit überschätztes Instrument, dahinter zurückbleibt, seine Kontrollfunktion verliert.«

Das *Repetitive Meditationstraining* -- im Folgenden der Einfachheit halber kurz *RMT* genannt, ist praktisch ein Teil des persönlichen Lebens und wurde uns bereits in die Wiege gelegt, sodass wir dieses Geschenk auch später im Leben jederzeit gegen Stress abrufen können und Ruhe sowie inneren Frieden erfahren.

»Den Seinen gibt's der Herr im Schlaf«, heißt es bereits im Alten Testament, basierend auf der Aussage, dass innerer Reichtum und Stärke mehr geschenkte Wohltaten als unbedingt eigenes Verdienst sind. Bildlich ausgedrückt symbolisiert die geballte Faust Macht und Stärke, heutzutage als Powerposition allgegenwärtig, wobei ein allzu langes Festhalten aber auch in der verkrampften Stressposition enden kann. Denn die eigentliche Lebenskraft kommt aus der Stille, aus der Entspannung, und sie ist vielfach eine Zugabe in Gestalt des Loslassens.

Stille auszuhalten und Stille aufbauend zu gestalten gehört sicherlich zu einer der wesentlichen Herausforderungen der Neuzeit, die geprägt ist von Rastlosigkeit, Lärm und Stress. Die Kunst im Leben besteht im Loslassen, im Abgeben – denn erst wenn ich gelernt habe, andere glücklich zu machen, wird ein eigenes Glücksgefühl die Folge sein.

Wenn Sie das RMT regelmäßig praktizieren, werden Sie durch die innere Erfahrung auch viele repetitive Elemente im Außen erkennen und sich an wiederholenden Mustern wie beispielsweise Melodien, Bewegungen in der Natur oder die des eigenen Körpers erfreuen können.

Die bewusst ruhig und abstrakt gehaltenen Aquarellzeichnungen in diesem Buch (Wellen, Vögel, Dünen, Berge, Wolken und Kornfeld) folgen ebenfalls dem repetitiven Rhythmus: Sie sind spielerisch eingebaut und kehren auf die ein oder andere Weise wieder.

Wir wünschen Ihnen viele entspannende und schöpferische Momente mit dem RMT und dass es für Sie im Laufe der Zeit zum täglichen und selbstverständlichen Wegbegleiter werden kann.

1 MEDITATION VON ANFANG AN

Jeder kann es, jeder hat es, jeder bekommt es von seiner Mutter mit in die Wiege gelegt – gemeint ist die angeborene Begabung zur *meditativen Entspannung durch die Wiederholung der Wiederholung.* Allen Müttern dieser Welt ist ein fast instinktmäßiges Grundverhalten eigen, was sich ausdrückt in einer wiederkehrenden wiegenden Armbewegung, wenn ihr Kind schreit, wobei sie diese Lehrstunden wiederum von ihren Müttern sozusagen mit der Muttermilch aufgesogen haben. Nach dem gleichen Prinzip funktioniert jede Wiege in ihrer pendelförmigen Schaukelbewegung, denn dieser typische repetitive Vorgang vermittelt jedem Baby Vertrautheit, Ruhe und Entspannung.

Repetitive Meditation kennt der Mensch von Anfang an.

Die gleiche Aussage zeigen die zahlreichen Wiegenlieder in nahezu allen Kulturen, wobei die gleichförmigen Schaukelbewegungen der Wiege oder des Bettchens synchron der Melodie und dem Rhythmus angepasst werden. In dieser Form entwickelt die Musik parallel geschaltet zur Schaukelbewegung ebenfalls eine entspannende Wirkung, sofern bestimmte Melodie- und Tonsequenzen im Vordergrund stehen, jedoch starke Intervallsprünge, intensive Lautstärkeschwankungen und ein unregelmäßiger Rhythmus vermieden werden.

Das bekannteste Wiegen- und Einschlaflied stammt von J. Brahms mit einem Text aus *Des Knaben Wunderhorn*: »Guten Abend, gut' Nacht, mit Rosen bedacht, mit Näglein besteckt, schlupf unter die Deck'! Morgen früh, wenn Gott will, wirst du wieder geweckt. Morgen früh, wenn Gott will, wirst du wieder geweckt.

Guten Abend, gut' Nacht, von Englein bewacht, die zeigen im Traum, dir Christkindleins Baum. Schlaf' nun selig und süß, schau' im Traum 's Paradies.«

Das angeborene repetitive Meditationsverhalten des Menschen geht auch aus der Tatsache hervor, dass es auf geburtshilflichen Stationen durchaus gängige Praxis ist, unruhige Babys dadurch zur Ruhe zu bringen, indem man ihnen einen Teddy ans Ohr legt, der den Herzschlag der Mutter (dum-tak) simuliert. Nach dem gleichen Prinzip funktionieren die pränatalen Boxen, die immer dann zur Anwendung kommen, wenn geistig behinderte Kinder im Stadium motorischer Unruhe meditative Muskelentspannung erfahren sollen, um die entsprechenden Bewegungsattacken reduzieren zu können. In einer pränatalen Box herrscht die Akustik eines repetitiven Grundmusters vor, in der Regel vorgegeben durch das akustische Aktionsmuster des Herzens.

Erfahrungen auf diesem Gebiet, allerdings in einem anderen Zusammenhang, konnte ich als Chirurg im Vietnamkrieg sammeln, wenn elternlose Kinder in buddhistische Waisenhäuser verlegt werden mussten. Entzieht man dem Menschen in frühester Kindheit die elterliche Liebe und erfährt er auf diesem Wege eine entscheidende Einschränkung seiner emotionalen Bindung, so fällt er in typische repetitive Bewegungsmuster: Das Kind steht in seinem Bettchen und wiegt seinen Körper hin und her. Erinnern wir uns der erschütternden Medienberichte über vernachlässigte Kinder in rumänischen Waisenhäusern, die ihre Stresssituation dadurch zu vermindern suchten, dass sie über wiegende Körperbewegungen Ruhe und Entspannung suchten.

Liebesentzug als emotionaler Stress bei Kindern provoziert ein repetitives Verhaltensmuster.

In dieser Hinsicht signalisieren auch die Schnuller der Babys ein meditatives Grundverhalten des Menschen, das nach dem Prinzip der Wiederholung der Wiederholung funktioniert, wobei der rhythmische Wechsel zwischen Anspannung und Entspannung der Zungen- und Lippenmuskulatur Ruhe und Geborgenheit auslöst. Frühkindlicher Stress kann auf diese einfache Art und Weise ausgeglichen werden. Im Stadium der allgemeinen Unruhe steht der typische Wechselrhythmus der Saugmuskulatur im Vordergrund, abgelöst von einer beruhigenden Muskelentspannung, durch die der Schnuller aus dem Mund fällt und das Baby in Schlaf versinkt.

Der Schnuller ist somit das erste Trainingsgerät des Menschen, ein Bodybuilding-Gerät, das keine Kraft aufbaut, sondern vielmehr Ruhe und Entspannung auslöst. Dieser so genannte Saugreflex des Babys ist kein Reflex im eigentlichen Sinne, kein nervlich geschalteter Automatismus, der über eine afferente (zuführende) und eine efferente (abführende) Erregungsleitung geschaltet wird. Dieser ureigene Saugreflex ist ebenso angeboren wie der typische »Schaukelreflex« der Mutter bei ihrem schreienden Kind.

Im späteren Leben können die gleichen »Reflexe« durch Zigarette und Kaugummi ausgelöst werden, wobei die Gewöhnung auch durch Ruhe und Entspannung geschieht, wie sie für repetitive Bewegungsmuster typisch sind. Geradezu gedankenverloren entschwinden Raum und Zeit, wenn die Augen den schwingenden Rauchsignalen einer glühenden Zigarette folgen ...

Wir sehen also, dass repetitive Muster unterschiedlicher Art geradezu typisch sind für unser menschliches Grundverhalten, weil die Anlage hierzu – wie anfänglich erwähnt – bereits vor unserer Geburt stattfand. Neun Monate lang verbringen wir in einem flüssigen Medium und in engster Korrespondenz zu unserer Mutter, sodass über Direktkontakt alle Körperschwingungen ausgetauscht werden können. In dieser engen Korrespondenz zwischen Mutter und Kind rücken insbesondere Lunge, Herz, der Klang des gesprochenen Wortes und die rhythmischen Körperbewegungen der Beine als so genannte Klangquellen in den Mittelpunkt, die auf direktem Wege ein Mitschwingen, eine Resonanz beim Ungeborenen im Uterus auslösen.

Im Vordergrund dieser internen Korrespondenz zwischen Mutter und Kind steht die so genannte Knochenleitung, wie sie der französische Forscher Alfred Tomatis ausweisen konnte, weil auf diesem Wege akustische Schwingungen optimal ausgetauscht werden können.

Er fand heraus, dass das Hörorgan mit seiner Cochlea und das zugeordnete Zentrum im Gehirn zwischen der 16. und 20. Schwangerschaftswoche so weit ausgebildet sind, dass akustische Signale wahrgenommen und im Gehirn gespeichert werden können, wobei höhere Frequenzen besser als tiefe registriert werden und die genannte Knochenleitung die vorrangige Verbindungsebene darstellt.

Alle körperlichen Klangformen der Mutter sind typische rhythmische Schwingungen. Wir können demzufolge davon ausgehen, dass repetitive Klangmuster die beherrschenden Sinneseindrücke des Ungeborenen im Mutterleib darstellen. Diese körperlichen Resonanzschwingungen zwischen Mutter und Kind erlebt das Ungeborene in einem allgemeinen Zustand von Ruhe, Entspannung und Geborgenheit. Zu keiner Zeit seiner irdischen Existenz wird der Mensch von einer derartigen Rundumversorgung getragen.

Dieser innere Schwingungsaustausch zwischen Mutter und Kind erfolgt auf einer direkten körperlichen Ebene und nicht wie im späteren Leben atmosphärisch von Mensch zu Mensch. Nun wissen wir aus der Physik, dass sich der Schall in einer körperfesten Materie schneller ausbreitet als in atmosphärischer Luft, 331 m pro Sekunde in der Luft, 1407 m pro Sekunde im Wasser und im festen Eisen 5100 m pro Sekunde.

Das ungeborene Kind in seinem »Wasserschloss« befindet sich somit in einer exzellenten Hörbox, die jedem Walkman überlegen ist, weil die mütterlichen Schwingungen unterschiedlicher Klangbilder über die Knochen-Muskeln-Fruchtwasser-Leitung vermittelt werden. Auf diesem Wege hört das Kind nicht nur mit den Ohren, sondern auch über den direkten Körperkontakt durch das umgebende Fruchtwasser und über seine allgemeine Knochenleitung. Das Ungeborene verfügt somit über einen hervorragenden »Resonanzboden«, durch den repetitive Klang- und Körperschwingungen exzellent wahrgenommen und als Erinnerung im Gehirn gespeichert werden können. Speziell in der zweiten Schwangerschaftshälfte sammelt das Ungeborene rund um die Uhr seine repetitiven Schwingungserfahrungen, speichert sie in seinem Erinnerungscomputer im Gehirn ab und kommt mit dieser Begabung auf die Welt. Jeder von uns hat somit in seiner pränatalen Hörbox einen Viereinhalb-Monate-Intensivkurs durchgemacht, wobei diese meditative Grundschule ein Urvertrauen aufgebaut hat, das tief in uns verwurzelt ist und mit dem wir in diese Welt entlassen werden.

Urvertrauen meditativer Prägung ist uns in die Wiege gelegt.

Bereits in pränataler Zeit beginnt die Vernetzung des Gehirns, sodass gespeicherte Informationen von einem Zentrum zum anderen ausgetauscht werden können. Diese Assoziationsleistung des Gehirns entspricht einem Bildaustausch, sodass beispielsweise Erlebnisse musikalischer Art durchaus emotionale Empfindungen mit auslösen können.

Es liegt somit auf der Hand, dass im späteren Leben unter Einflussnahme repetitiver Grundmuster auf assoziativem Wege Vernetzungen im Gehirn geschaltet werden, die bereits in pränataler Zeit angelegt wurden und die in einem engen Zusammenhang mit Geborgenheit, Ruhe und Entspannung stehen. Landkartenartig gestaltet sich das kindliche Gehirn über die Vernetzung von 130 Milliarden Nervenzellen, die nicht isoliert existieren, sondern über 100 Billionen Synapsen (Schaltstellen) miteinander Kontakt finden können. Über Querverbindungen lassen sich mehrere Sinneseindrücke somit parallel verarbeiten.

Die entsprechende Auswirkung ist ein phänomenales Bewusstsein, das sich aus unserem Hören, Sehen, Fühlen, Riechen, Schmecken und Denken bildet. Diese Ausgangssituation ist für das spätere Meditationsverhalten des Menschen von entscheidender Bedeutung: Gehen wir in ein repetitives Grundmuster, erleben wir Meditation – ein Zustand, der uns bereits als Ungeborenes über den Schwingungsaustausch mit der Mutter vertraut ist. Das Ungeborene lernt, was es hört, und behält diese Informatio-

Der Mensch kann besser hören als sehen, riechen, schmecken, fühlen.

nen in Erinnerung, wobei akustische Empfindungen die anderen Sinnesreize weit überragen.

Unser Hörsystem reagiert schon auf Reize, die zehn Millionen Mal geringer sind als vergleichbare Tastempfindungen. Durch die Bildung stimmungsrelevanter Hormone wird der visuelle Kanal eindeutig vom akustischen bestimmt. Eine Symphonie von Mozart ist deshalb in dieser Hinsicht stärker auf unser emotionales Verhalten eingestimmt als ein Gemälde von Rembrandt. Der Film *Vom Winde verweht* wäre ohne Musik kein Welterfolg geworden. *Casablanca* wäre ohne Musik nicht *Casablanca*, was übrigens für jeden Film gilt.

Verantwortlich ist der enge Kontakt des Gehörsystems zum limbischen System, in dem alle unsere Gefühle registriert werden. Unser akustisches Leistungssystem signalisiert eine erhöhte Alarmbereitschaft, und das nicht nur am Tag, sondern auch in der Nacht. In der Selbstbehauptung des Menschen garantiert dieser Wecksinn eine ständige Bereitstellung aller Leistungsreserven, sodass auch im tiefen Schlaf der Kampf- und Fluchtreflex unmittelbar aktiviert werden kann. Das zentrale Steuerungssystem des Menschen speichert und reproduziert alle Reize auf unterschiedlichen Sinnesbahnen und bereits seit frühester Kindheit hat die akustische Information in allen Belangen den Vorrang.

Unsere Ohren vermitteln mehr Emotionen, als unsere Augen es leisten können.

Akustische Informationen sind Schwingungen, die aus der zeitlich sich wiederholenden (repetitiven) Zu- und Abnahme einer physikalischen Größe bestehen: zum Beispiel im Hin-und-Her-Schwingen einer Feder oder einer Seite, in der Drehschwingung einer Uhrenunruh, der Schwingung einer erregten Wasseroberfläche (Berg- und Wellental) oder in der Schwingung von Licht- und Materiewellen. Die einfachste Schwingung ist die Sinusschwingung, die in der Natur in gedämpfter Form auftritt, weil über Reibung und Absorption kontinuierlich Schwingungsenergie verloren geht. Beispiele unterschiedlicher Schwingungsverläufe geben die nachfolgenden Zeichnungen:

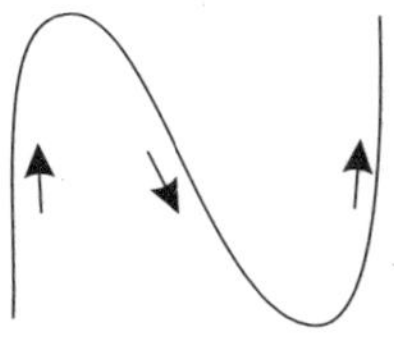

Die Ausbreitung repetitiver Wellenstrukturen in unterschiedlichen Körpern (Materie) verursacht beispielsweise auf einer schwingenden Saite eines

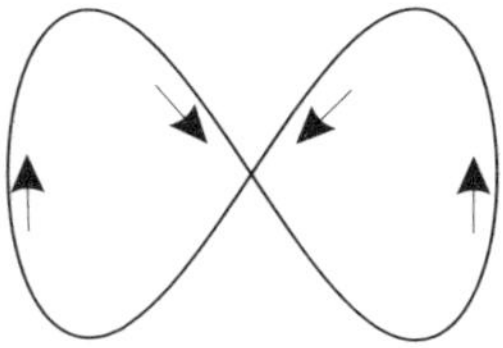

Instruments stehende Wellen durch die Ausbildung von Schwingungsbäuchen (Wellenberg) und Knotenpunkte (Wellental). Das

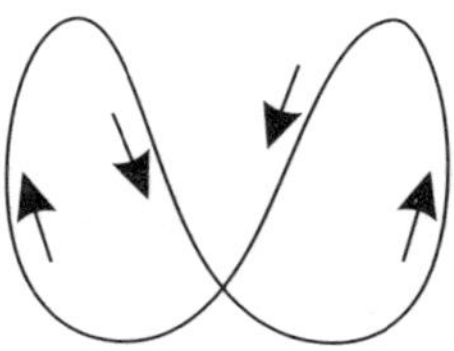

Trommelfell, bestehend aus Länge und Breite, erzeugt Schwingungen flächenhaft stehender Wellen, bestehend aus Bauchflächen und Knotenlinien (so genannte

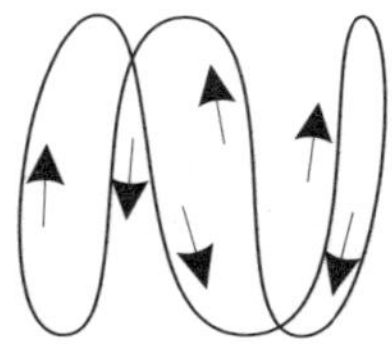

Chladn'sche Klangfiguren). In dreidimensionalen Systemen wie Wasser und Luft zeigen sich stehende Raumwellen mit kugel- oder kegelförmig aussehenden Knotenflächen und schwingungsstarken Bauchräumen.

Auf diese Art und Weise müssen wir uns auch die Schwingungsresonanz zwischen Mutter und Kind in pränataler Zeit vorstellen (siehe auch Seiten 14 f.). Die Programmierung des kindlichen Gehirns beginnt also nicht erst mit der Geburt, sondern bereits im Uterus. Jede Mutter kennt diese innere Korrespondenz mit ihrem Baby, denn bei Warn- und Alarmsignalen klopfen die stampfenden Arme und Beine gegen die Bauchwand, während von einer Bach'schen Kantate das Gegenteil ausgelöst wird und das Kind entspannt bleibt.

Im späteren Leben bewirkt die Assoziationsleistung des Gehirns, über die unterschiedliche Informationen komplex verarbeitet werden können, dass selbst einfache Schwingungsstrukturen, wenn sie nur lange genug wirken, einen regelrechten Memoryeffekt auslösen. Dieser pränatal begündete Memoryeffekt erfolgt in einem Stadium, in dem das kindliche Gehirn praktisch unberührt ist, das heißt, zu diesem Zeitpunkt weist der Zentralcomputer noch viele freie Arbeitsplätze aus. Unser Gehirn zeichnet sich durch eine extreme Parallelität aus, wobei biochemische Prozesse das Denken beeinflussen und alles in einer engen, netzartigen Verbindung steht.

In diesem Zusammenhang lehrt die Verhaltenspsychologie, dass Erstinformationen über frühkindliche Erfahrung einen hohen Erinnerungswert aufweisen. Bereits Konrad Lorenz konnte bei seinen Versuchen an Graugänsen nachweisen, dass schon

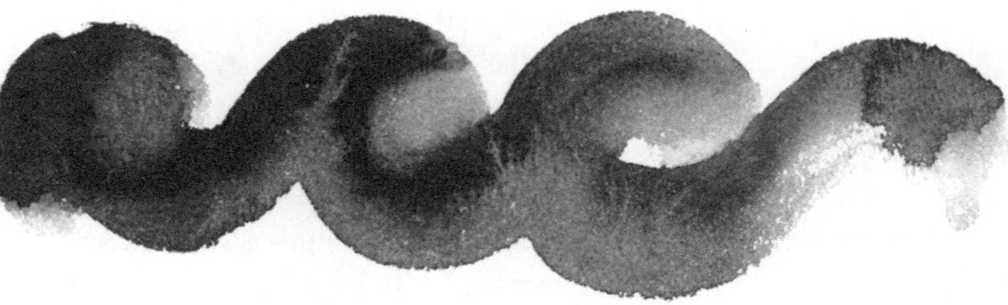

erste Blickkontakte beim Ausschlüpfen aus dem Ei derart nachhaltige Veränderungen im Verhalten des Tieres auslösen, dass es bereit ist, in seinem späteren Leben den Menschen zum Leittier zu wählen. Unvergesslich sind die Bilder des alten Forschers, kriechend in seinem Garten und verfolgt von einer Schar junger Gänse. Ähnlich stark sind frühe visuelle Reize bei Katzen, die man in den ersten Wochen in Räume steckte, deren Tapezierung ein senkrechtes Muster auswies. Der anschließende Wechsel in eine Umgebung mit horizontalen Mustern bewirkte, dass die kleinen Tiere beim Betrachten dieser Zeichnungen ihre Köpfe in Horizontalposition führten.

Wie viel stärker müssen die Sinnesinformationen am Menschen wirken, wenn bereits in pränataler Zeit zwischen der 16. und 20. Woche das periphere und zentrale Hörsystem ausgebildet ist, zudem diese Schwingungen rund um die Uhr vermittelt werden und wenn wir wissen, dass der Mensch besser hören als sehen kann.

Das »pränatale Schulzimmer« ist nicht nur von Schwingung, sondern auch von Rhythmus ausgefüllt, wobei Rhythmus die Gliederung eines zeitlichen Vorgangs oder einer räumlichen Ausdehnung in sinnlich wahrnehmbaren Einheiten ist: Kurze und lange, betonte und unbetonte Teile der Bewegung fügen sich für den Betrachter zu repetitiven Grundmustern zusammen. Ganz ohne Rhythmus sind dagegen absolut gleichförmige, lineare Bewegungen. Repetitive Schwingungsmuster stehen jedoch für die Wiederholung der Wiederholung in einer bestimmten Gesetzmäßigkeit in ihrer bipolaren Ausrichtung zwischen Wellenberg und Wellental, hoch und tief, betont oder unbetont, das heißt, Schwingungen sind die essentiellen Strukturen im menschlichen Lebensrhythmus.

»Alles hat seine Zeit«,
lautet die Grundaussage aller repetitiver Strukturen:

Zeit für die betonten Abschnitte – Zeit für
die unbetonten Abschnitte
Zeit für das Hoch – Zeit für das Tief
Zeit für Rechtsbewegung – Zeit für Linksbewegung
Zeit für Wellenberg – Zeit für Wellental
Zeit für die Einatmung – Zeit für die Ausatmung
Zeit für Anspannung – Zeit für Entspannung

Licht und Schatten, Höhen und Tiefen, Anspannung und Entspannung, schnell und langsam wechseln regelmäßig in unserem Leben miteinander ab und bestimmen einen wiederkehrenden Rhythmus. Diese repetitiven Grundmuster verändern unser aktuelles Bewusstsein, schaffen über das Phänomen des Wiedererkennens vertrauter Strukturen einen völlig neuen Zustand meditativer Entspannung. Naturvölker sprechen von der Kraft der Wiederholung, von schöpferischen Energien im Zusammenhang mit rhythmischen Tanzbewegungen.

In einer Zeit voller Unruhe, Hektik und Stress gilt es, dieses menschliche Grundverhalten, das uns bereits in »Mutters Schoß« vermittelt wurde, wieder zu entdecken und neu zu nutzen. Die Betonung der Atmung gegenüber anderen Vorgängen schafft uns ein konzentratives Bewusstsein, eine Zentrierung auf diese momentane Handlung, weil dieser innere Rhythmus eine umfassende Entspannung auslöst.

In diesem Klangbild schwingen die zahlreichen Lungenbläschen (sog. Vesikuläratmen) wie das Rauschen eines Waldes und entfalten über ihre zentrale Schwingungsebene eine hohe Körperresonanz. In gleicher Weise haben sich dunkle Vokale und weiche Konsonanten gegenüber den hart anschlagenden und hell klingenden Tönen in der Meditation besser bewährt. Eine intensive innere Resonanz wird durch die Körperschwinger M.N.NG.S.R.W.L.J. ausgelöst, während die Vokale A.E.I.O.U. mehr nach außen wirken.

- M-N-NG entwickeln unterschiedliche körperliche Resonanzebenen
- M strömt aus dem Brustkorb und versetzt praktisch den gesamten Kopf in Schwingung.
- N hat seinen eigentlichen Resonanzboden im Zunge-Nase-Gaumen-Bereich, lässt aber auch den oberen Brustkorb mitklingen.
- NG schwingt über Zunge und Gaumen bis in die Nackenregion hinein.

In unserem Alphabet entwickelt der Buchstabe M im Schwingungsbereich die wohl höchste körperliche Resonanz. Er zieht uns regelrecht in die Mitte und entspricht somit am besten der Atmungswirkung in der Meditation. Der Buchstabe M steht auch für absolute Zustimmung und Anerkennung und drückt schon für sich allein ein gut mundendes Essen aus: *mmm mmm* ... Auch die absolute Zustimmung nach einem Gebet wird in der christlichen Welt über das M mit *Amen* ausgedrückt. Die Buddhisten als die eigentlichen »Weltmeister« der Meditation können auf diesen innerlich tönenden Buchstaben ebenfalls nicht verzichten, denn die meistbenutzte meditative Sprechformel lautet »om mani patme hum« (o' du Kleinod in der Lotusblüte).

Atmung und der Buchstabe M erzeugen Körperschwingungen von einer Frequenz, die uns aus dem Bewusstsein des Wachseins stärker in die Meditation hinüberführen:

Schwingungszustand und Bewusstsein

- 30 bis 15 Hertz: Betawellen – Tagesbewusstsein
- 15 bis 7 Hertz: Alphawellen – Vertrautheit, gelöste Ruhe, Entspannung
- 7 bis 4 Hertz: Thetawellen – Meditation, Schlaf
- 4 bis 0 Hertz: Deltawellen – Tiefschlaf, Trance

Die Schwingungsfrequenz ist auch entscheidend für die hohe meditative Wirkung, die von der Atmung ausgeht, weil sie dem tief tönenden Rauschen eines Waldes entspricht. Der zweigeteilte Herzton weist nur im Moment der Anspannung (Systole) diese Tonqualität auf, die sich als dumpfer (*dum*) Muskelton im Körper fortsetzt. Der zweite Klappenton (*tak*) ist von hell klingender Qualität und daher meditativ weniger wirksam. Im Muskelton (*dum*) taucht wieder der Buchstabe M auf, der in seiner Resonanzwirkung stark nach innen wirkt, im Klappenton (*tak*) ist der Vokal A entscheidend, der seine Schwingungen mehr nach außen richtet.

Die hohen Schwingungen der E-Seite auf der Geige provozieren bei Musikern betont Stress und Hektik, wie mir wiederholt

Streicher auf musikmedizinischen Seminaren berichten konnten. Auch die englische Bezeichnung »love« hat eine stärkere Resonanz zur Mitte und somit eine bessere meditative Wirkung als die deutsche Übersetzung »Liebe«.

Meditation heißt Sammlung und ist gleichzusetzen mit innerer Einkehr, wobei diese zentrale Körperresonanz besonders durch tief tönende Atmung erreicht wird. Schon die Mönche früherer Zeiten waren sich beim meditativen Gebet durchaus darüber bewusst, wie bedeutsam die Atmung ist, erkannten aber ferner, dass auch durch eine bestimmte Körperposition »der Gang ins Innere« verstärkt werden kann: Hoch aufgerichtet ist der Mensch allen Angriffen und Widrigkeiten des Lebens ausgesetzt, zusammengekauert zieht er sich in seinen »Schutzbunker« zurück und er erinnert sich, dass er in dieser Position in pränataler Zeit tiefe Ruhe und Geborgenheit erfahren hat. Eine alte Mönchsweisheit beim meditativen Gebet lautet daher:

»Geh in die tiefe Entspannungshocke und führe auf diese Weise Kopf und Herz zusammen; setz dich im meditativen Gebet auf einen Stuhl, besser auf einen tieferen Hocker oder begib dich in den Fersensitz.« Körperschwingungen repetitiver Struktur können nämlich über ein gesamtes Körperverhalten das meditative Training sogar noch steigern. Die Propriozeption (nervöse Eigenkontrolle) des Bewegungssystems vermittelt kontinuierlich Informationen über Art und Umfang aktueller Spannungsveränderungen, die von der jeweiligen Haltung oder unterschiedlichen Bewegungen ausgelöst werden. Gehirn und Muskulatur stehen also in ständiger »Telefonverbindung« und im zentralen Nervensystem wird dann entschieden, welche Informationen aktualisiert oder an einem bestimmten Speicherplatz abgelagert werden. Die Propriozeption ist ein permanenter Informationsfluss über die aktuelle Haltung des gesamten Muskelgelenksystems, wobei die Haltung eine spezielle Bewegungsart im Kraftfeld der Erde darstellt.

Das pränatale »Schulzimmer« des Neugeborenen setzt Lern- und Erinnerungsbilder in Gang und dabei ist die zweite Schwangerschaftshälfte von Bedeutung, weil in diesem Abschnitt die von der Mutter erzeugten Körperschwingungen wahrgenommen und im zentralen Nervensystem programmiert werden können. Neben den Körperschwingungen zwischen Mutter und Kind existieren auch Rezeptorinformationen, die vom Bewegungsapparat des Ungeborenen auf das eigene Gehirn abgefeuert werden. In der tiefen Entspannungshocke befinden sich Muskeln, Sehnen und Gelenkkapseln in einem bestimmten Spannungs- und Dehnungszustand, sodass diese Stellungslage von den entsprechenden Spannungs- und Dehnungsrezeptoren den motorischen Zentren im Gehirn mitgeteilt werden. Diese inneren körperlichen Impulse wirken in gleicher Weise wie alle repetitiven Schwingungen in einem absoluten Zustand der Ruhe und Entspannung, sodass dieses Lernprogramm über die Assoziationsleistung des zentralen Nervensystems im späteren Leben zur Auslösung von Ruhe, Entspannung und Meditation genutzt werden kann und das über zwei Kanäle:

- Repetitionsmuster im Sinne der Wiederholung der Wiederholung, wobei die Atmung der eigentliche Schlüssel für das »Meditationsschloss« darstellt;
- körperliche Sammlung um die tiefe Entspannungshocke potenziert die Konzentration um den Körpermittelpunkt weiter.

In der Entspannungshocke fühlt sich der Mensch geborgen, allerdings fällt es den so genannten zivilisierten Menschen im Gegensatz zu Kindern und Naturvölkern zunehmend schwerer, diese Entspannungshaltung einzunehmen, weil Absatzschuhe und das hierdurch provozierte Spitzfußgehen auf harten und planierten Böden die überlasteten Wadenmuskeln unter Dauerstress setzen. Die logische Konsequenz bei der Einnahme der tiefen Hocke ist dann ein Nach-außen-Drehen der Kniegelenke sowie ein unsicheres Balancieren auf den Vorfüßen, weil die verkürzten Waden die notwendige Dehnung in der tiefen Entspannungshocke nicht mehr mitmachen.

Die Entspannungshocke steht für körperliche Meditation.

Asien lächelt nicht nur anders, der Asiate sitzt und entspannt auch in anderer Form als der gestresste Westler in seiner kurzatmigen Zeit. Meditation und die tiefe Entspannungshocke sind aus dem Alltag im Fernen Osten nicht wegzudenken; in Saigon beispielsweise wurde und wird in dieser archaischen Körperstellung gearbeitet, gehandelt, gewartet und gegessen – Meditation jedoch wird über die körperliche *und* geistige Sammlung gesucht.

Aus der Praxis für die Praxis

Schöpferische Pausen

Pausen – insbesondere unvorhergesehene, nicht geplante Aufenthalte – sind vielfach Stress pur, weil ein durchdachtes Ordnungssystem optimal getimter Zielvorstellung durcheinander gerät. In diesem Zusammenhang erinnere ich daran, dass jede Form der inneren Rebellion gegen äußere, nicht veränderbare Gegebenheiten mit einer Schädigung des Immunsystems enden kann, daher noch einmal zur Erinnerung:

Rebelliere nicht gegen Stress, den du nicht beeinflussen kannst –
arrangiere dich und schalte nach Akzeptanz
alle Register auf Überwindung und Verbesserung

Zwangspausen können durch eine sinnvolle Gestaltung überaus nutzbringend verbracht werden, es gibt somit keine eigentlich verlorene Zeit, denn durch die unmittelbare Nutzung des repetitiven Meditationstrainings – des RMT – entsteht einmal ein für uns völlig neuer Zeitbegriff und zum anderen die Chance, auf diese Art und Weise Kraft und Energie zurückzugewinnen. Ohne Mühen und ohne Zusatzausrüstung können akut auftretende

Zwangspausen konstruktiv mit Inhalt gefüllt werden. Wartezeiten werden so von nutzlosen Leerräumen zu tragenden Säulen in einem Brückensystem, das dem Aufbau des Ganzen dient und uns zu neuen Ufern führt.

Abgespannt und müde landete ich morgens gegen 6.00 Uhr mit dem Zug in Düsseldorf, mein Gepäck zum Weiterflug nach Korsika war abgefertigt und bis zum Einchecken blieb mir noch eine Restzeit von gut 30 Minuten. Gewöhnlich verbringt man diese Reiseunterbrechungen ziellos, alle Antennen sind ausgefahren und auf Empfang geschaltet; jede Lautsprecherdurchsage wird aufmerksam verfolgt, man schlendert mehr oder weniger interessiert an bunten Auslagen vorbei, schaut in lachende und traurige Gesichter und stellt am Ende einer Reise mit Erstaunen fest, dass die inneren Energiereserven eigentlich aufgebraucht und entleert sind. Nicht so an diesem Morgen, denn inzwischen hatte ich das RMT in meinen täglichen Rhythmus aufgenommen, die wohltuende Entspannungswirkung in den unterschiedlichsten Situationen positiv erfahren und war jetzt gespannt, wie sich dieses Antistressprogramm in unserer modernen Reisewelt bewähren würde.

Ich wählte eine Bank als ruhiges Plätzchen (was auf einem Flughafengelände überaus schwierig ist), auf der relativ wenige Mitreisenden saßen, hockte mich entspannt hin, schloss die Augen und begann über Atmung und Leitsatz (siehe Seite 9) mit den Repetitionsübungen. Schon nach kurzer Zeit wurde ich ruhig, die Atmung vertiefte sich über die Zwerchfellbetonung, die verspannte Muskulatur entkrampfte sich, im Kopf entstand eine neue Klarheit. In dieser Situation blieb ich mit meinem Meditationstraining natürlich nicht allein: Es näherte sich eine Person, die mit schlürfendem Gleiten einen Wischlappen bewegte, meine Füße umrundete und dabei unabsichtlich gegen meine Beine stupfte. All diese äußeren Aktivitäten konnten mir jedoch nichts anhaben. In meinem Inneren hatte sich das Gefühl aufgebaut, dass die Attacken nicht mir galten , und ich steckte somit ohne Reflexion den Störfaktor weg. Über das RMT hatte ich mich in meinen schützenden »Kokon« zurückgezogen, alle Verbindungsantennen zur Umwelt waren eingefahren. Neu gestärkt konnte ich nach dieser kurzen Zeit meinen Weiterflug fortsetzen, um frisch und ausgeruht den Zielflughafen Calvi anzusteuern.

Ultrakurzmeditation

Manchmal wird es eng in unserem Leben, sehr eng. Oft bleiben uns nur wenige Minuten zum Durchatmen von einer ereignisreichen Begegnung zur anderen, von einer Besprechung in die nächste. Was können wir tun, um zwischen diesen stressfördernden Events dem Kampfnerv, unserem Sympathikus, die Spitze zu nehmen? Da in den Kurzpausen häufig sogar der Stuhl fehlt, auf dem man sich ganz kurz zurücklehnen kann, geht es nun darum, mitten im rasanten Tempo einen Einstieg zu finden, damit man kurz zur Ruhe kommt und in sich gehen kann. Das klappt hervorragend mit der Ultrakurzmeditation. Sie ist die unmittelbar eingeleitete Entspannung zwischen zwei Tagesereignissen, die eine längere Pause nicht zulassen.

Im Vordergrund dieser Kurzmeditation steht die Konzentration auf die Atmung – unsere körperliche Leitschiene, die die sich nach außen bewegenden zentrifugalen Kräfte in zentripedaler Richtung zurück zur Mitte bündeln kann. Müssen wir dabei zwischen zwei Orten schnellen Schrittes hin- und hereilen, um Termine einzuhalten, können wir den Atemrhythmus zusätzlich zur Rechts-Links-Aktivität der Beine in Übereinstimmung bringen: Drei Schritte Einatmung werden von drei Schritten über die Ausatmungsphase fortgesetzt etc., etc.

Aber auch im Sitzen zeigt die Ultrakurzmeditation tiefe Wirkung: Viereinhalb Stunden rasante Autobahnfahrt zu einer Tagung nach Rothenburg ob der Tauber hatten meinem Kreislauf arg zugesetzt. Puls und Blutdruck waren entsprechend stimuliert und in meinem Kopf machte sich eine gewisse Leere bemerkbar. Nach der Ausfahrt bis zur Tagungsstätte blieb nur noch wenig Zeit, ich spürte aber deutlich, dass eine geistige und körperliche Sammlung angesagt war. Also nutzte ich fünf Minuten zur Ultrakurzmeditation am Rande der Straße und zurückgelehnt im Autositz nach dem bewährten Motto »Geh in die Stille und schließe die Augen«.

In dieser Situation funktionierte das Motto nur unvollkommen, denn hierzulande gibt es in der Mittagszeit kaum motorfreie Straßen. Ich schottete mich deshalb nur so weit ab, wie es mein »Autokäfig« erlaubte, schloss die Augen und konzentrierte mich auf den Atemrhythmus, synchron mit meinem viel erprobten Leitsatz.

Innerhalb dieser fünf Minuten spürte ich den befreienden Beginn der innerlichen Entspannung und profitierte insgesamt vom Absinken der Pulsfrequenz und des Blutdrucks. Mein autobahngeplagter Kopf wurde wieder frei und ich konnte mich gezielt und mit Nachdruck meiner neuen Aufgabe zuwenden.

2 MEDITATION UND STRESS IN OST UND WEST

Eine Schweizer Himalayaexpedition war beeindruckt von der Ruhe und Gelassenheit ihrer begleitenden Sherpaträger und insbesondere in Stresssituationen kamen diese Tugenden zum Tragen. Gefragt nach den Wurzeln ihrer inneren Stärke, lautete die Antwort: »Ihr habt die Uhren – aber wir haben die Zeit.«

Wie gesagt, Asien lächelt nicht nur anders, im Fernen Osten hat man auch gelernt, auf Stress besser und unmittelbarer zu reagieren. In den westlichen Industrieländern dagegen läuft den Menschen mehr und mehr die Zeit davon. In einer lauten Gegenwart sind alle Antennen auf Empfang geschaltet, und es fehlen ganz einfach Muße und Entspannung, um sich auch über kleine Dinge des Lebens freuen zu können.

Dieses Rennen und Hetzen durch die Welt beschreibt Goethe im *Faust II* mit seinen gekonnten Worten:

»Ich bin nur durch die Welt gerannt,
Ein jed' Gelüst ergriff ich bei den Haaren,
Was nicht genügte, ließ ich fahren,
Was mir entwischte, ließ ich ziehen.
Ich habe nur begehrt und nur vollbracht
Und abermals gewünscht und so mit Macht
Mein Leben durchgestürmt.

In diesem Rennen durch die Zeit bleiben Gelassenheit, Ruhe und Entspannung auf der Strecke und auch der Ferne Osten muss in dieser Beziehung der Moderne seinen Tribut zahlen. Meditatives Verhalten ist aber dort trotz allem noch tief verwurzelt. Der Unterschied zwischen Ost und West lässt sich besonders gut am allgemeinen Pausenverhalten demonstrieren. Ein Europäer pflegt während einer Reiseunterbrechung beispielsweise auf einem belebten Bahnhof in Japan permanent sein Stressverhalten – läuft unruhig hin und her, sucht jeden Blickkontakt und reagiert sensibel auf alle Geräusche. Grundsätzlich anders verhält sich sein fernöstlicher Nachbar: In der tiefen Entspannungshocke werden unmittelbar alle Kontaktantennen zur Umgebung eingefahren, der Blick geht gedankenverloren in die Ferne und in dieser meditativen Grundhaltung tankt er neue Kraft für Körper, Seele und Geist.

Der Westen ist immer auf Sendung. Der Osten meditiert und nutzt jede Pause schöpferisch.

Das Burn-out-Syndrom mit all seinen Schattenseiten ist die logische Konsequenz einer ewigen Reizüberflutung in einer lauten, grellen und auf Tempo ausgerichteten Zeit. Dieser Wettlauf durch die Gegenwart geht mit dem Resultat einher, dass Ruhe, Entspannung und Stille Fremdworte geworden sind und kaum noch ausgehalten werden können.

»Genieße dein Leben auf ständig steigendem Niveau, bleibe selbstständig und unabhängig«, lautet das Credo des beginnenden 21. Jahrhunderts. Alle persönlichen Antennen stehen permanent auf Empfang. Diese ständige Reizüberflutung geht so lange gut, bis an irgendeinem Punkt die Sicherung durchbrennt, denn auch für Stress gilt die alte Regel »Alles ist Gift – allein die Dosierung entscheidet«.

Im Buch »Kohelet« des *Alten Testamentes* ist zu dieser Regel nachzulesen:

Alles, was auf Erden geschieht, hat seine von Gott bestimmte Zeit:
geboren werden und sterben,
einpflanzen und ausreißen,
töten und Leben retten,
niederreißen und aufbauen,
weinen und lachen,
wehklagen und tanzen,
Steine werfen und Steine aufsammeln,
sich umarmen und sich aus der Umarmung lösen,
finden und verlieren,
aufbewahren und wegwerfen,
zerreißen und zusammennähen,
schweigen und reden.
Das Lieben hat seine Zeit und auch das Hassen,
der Krieg und auch der Frieden.

In Anlehnung zu diesem Buch kann man diese Aussagen erweitern:

Anspannung braucht Entspannung.
Auf Licht folgt Schatten.
Stress hat seine Zeit und Meditation hat seine Zeit.

Durch die negative Besetzung des Begriffs Stress könnte man nun geneigt sein, nur die destruktive Seite zu sehen. Stress ist jedoch auch eine Stimulanz für den Menschen, auf die er in keiner Weise verzichten konnte und kann. Stress ist notwendig für:

- den lebensrettenden Kampf-Flucht-Reflex und die Selbstbehauptung gegen Wolf, Bär und andere Feinde;
- den Hang zum Abenteuer bei der Besteigung aller Gipfel dieser Welt;
- den Förder- und Entdeckungsdrang zur Belebung der Sieben Weltmeere und der Sieben Kontinente;
- den Leistungskick beim Hundertmeterlauf in 10,0 Sek.;
- den Ohrenschmaus einer Sinfonie von Mozart oder Beethoven.

Stress beeindruckt grundsätzlich durch schöpferische, antriebsfördernde Strukturen, allerdings in rhythmischer Prägung, in einem ständigen Wechsel zwischen Dynamik und Stillstand, Spannung und Entspannung und schlussendlich auch zwischen Leben und Tod. Wäre unser irdisches Leben nicht auf den Tod ausgelegt, so würde es an Bedeutung verlieren, es wäre inflationär und verlöre somit seinen einmaligen Stellenwert.

Ein Orchesterdirigent kann sich in einem Konzert nicht nur der polyphonen Gestaltung seiner Sinfonie widmen, seine Aufmerksamkeit gilt ebenso der Unterbrechung, der Pause und der schöpferischen Stille.

Warum stehen im Fernen Osten so zahlreiche Meditationsformen hoch im Kurs, während der Westen vermehrt unter seiner zentnerschweren Stressbelastung leidet? Spätestens seit der Aufklärung standen insbesondere in den Industrieländern statt Religion die Philosophie und naturwissenschaftliche Erkenntnisse hoch im Kurs. In diesem Denkmodell ging der Mensch in seiner optimalen Einstellung sogar so weit, dass er meinte, die Welt sei erkennbar. Ernüchternd wirkte dagegen das Resümee der Nobelpreisträger während ihrer Lindauer Tagung von 2000, das besagte, »der gordische Knoten bleibt zu«, wie die *Zeit* vom 13.7.2000 berichtete. Je mehr die Wissenschaft herausfindet, umso weniger weiß sie.

Unser aktuelles Bewusstsein ist nachhaltig geprägt von unserem naturwissenschaftlichen Denken, und zwar in Elternhaus, Schule und Gesellschaft. Verstärkend wirkt dabei der persönliche Wille, das heißt, die Lebensqualität und das Unterscheidungsvermögen von Gut und Böse werden entscheidend über unsere Vernunft gesteuert. Selbst der christliche Glaube des Westens, der sehr entscheidend unsere Kultur geprägt hat, wird betont vom Kopf, von unserem analytischen Denken und weniger vom Herzen begriffen, ja man könnte sogar behaupten, dass der Glaube westlicher Prägung vorwiegend zwischen Mund und Schädeldecke gelebt wird.

Der Westen führt den Dialog der Aufklärung betont mit Zunge und Verstand.

Zu dieser Aussage passt so gar nicht das Bild der Weisen aus dem Morgenlande, die auf ihrem Pilgerweg zur endgültigen Wahrheit Gold, Weihrauch und Myrrhe als Balsam für Körper, Seele und Geist mit sich führten. Schon die östliche Kirche in Russland und Griechenland zelebriert im Gegensatz zum Westen ihre Andachten nicht bevorzugt über das Wort, sondern betont auf emotionalem Wege über repetitive Verhaltensmuster, eingebettet in repetitive Musik. Bei einem Pfingstgottesdienst in Odessa beispielsweise konnte ich die starke emotionale Wirkung repetitiver Gesänge der russisch-orthodoxen Kirche am eigenen Leibe erleben und war überrascht von der hohen Akzeptanz bei den Gläubigen und der unmittelbaren Resonanz.

Und wieder: Asien lächelt nicht nur anders, Asien steht auch zu den Grundfragen dieser Welt in einem ganz anderen Verhältnis. Im Buddhismus ist Meditation mehr als nur eine bestimmte Übungseinheit, sie ist vielmehr das Rüstzeug, das zur Überwindung dieser Welt gehört. Dazu muss man wissen, dass es sich beim Buddhismus um keine Religion handelt, sondern eher um eine Weltanschauung. Buddha ist kein Gott, Buddha ist ein Erleuchteter, eine Energieform, die jedem wie ein Lehrmeister entgegentritt und dabei hilft, zur eigenen, autonomen Erkenntnis zu gelangen. Auf diesem Pfad der Erkenntnis ist es insbesondere die Meditation, durch die das körperliche und geistige Bewusstsein in eine grundsätzlich andere Dimension geführt werden kann. Im Gegensatz hierzu lebt die christlich geprägte westliche Welt von der Einstellung, dass allein schon der Glaube genügt, die göttliche Wahrheit in ganzer Fülle begreifen und erfahren zu können, wesentlich ausgelöst durch die Aussage Martin Luthers »Allein der Glaube macht selig«.

Just an diesem Punkt kann der entscheidende Dialog zwischen Ost und West geführt werden, ein Dialog, in dem wir von der meditativen Grundeinstellung Asiens lernen können und der Ferne Osten von der aufgeklärten Denkweise des Westens profitieren kann. Für den stressgeplagten Westen geht es vorrangig darum, den versunkenen Erdteil der Meditation und Kontemplation neu zu entdecken, denn für viele Zeitgenossen bilden diese beiden Begriffe ein Buch mit sieben Siegeln.

Buddhistische Mönche sind in der Meditation geradezu Weltmeister und können die hohen Fertigkeiten auf diesem Gebiet auch ganz praktisch für ihr geistiges und körperliches Wohlbefinden nutzen. Sie sind zum Beispiel durchaus in der Lage, auf einem Gletscher im Himalaya stehend, im meditativen Gebet das Eis unter ihren Füßen zum Schmelzen zu bringen. Nicht unbekannt sind auch Wettbewerbe, die meditatives Training zum Inhalt haben. Dabei hüllt sich eine Gruppe von Mönchen in nasse Tücher, meditiert Hitze, und derjenige unter ihnen geht als Sieger hervor, dessen Umhüllung zuerst getrocknet ist.

Als Chirurg im Vietnamkrieg wurde ich in Da Nang zu einer Buddhistenzeremonie junger Mönche gebeten, und die nachhaltigen Erlebnisse dort haben mich bis heute nicht mehr losgelassen und letztendlich die Inspiration zu diesem Buch gegeben. Ein Teil des Examens bestand in dem Nachweis einer hohen Fertigkeit auf dem Gebiet der Meditation, bei der eine hohe Schmerztoleranz gegenüber drittgradigen Verbrennungen geprüft werden sollte. Im meditativen Gebet brannten vier kleine Räucherstäbchen auf dem kahl geschorenen Kopf der Mönche und verursachten tief reichende Verbrennungen bis auf die knöcherne Schädeldecke, was selbstverständlich mit stärksten Schmerzen verbunden war. In dieser Situation wurde die meditative Grundhaltung bis zur Trance-Induktion durch einen repetitiven Gesang der Umstehenden verstärkt, dessen bewusstseinsverändernder Wirkung auch ich mich nicht entziehen konnte, obwohl ich gleichzeitig mit Aufnahmen für einen Film des vietnamesischen Fernsehens beschäftigt war.

Noch heute klingt der repetitive Gesang in meinen Ohren, der durch seine anhaltende Wirkung jene Mönche in die notwendige Bewusstseinslage versetzte, stärkste Schmerzen zu tolerieren, und sie in ein regelrechtes Anästhesiestadium versenkte. Die spezielle Form dieses Gesangs bestand aus acht Tönen, wobei die ersten sechs Töne gleich blieben und die nächsten dann zwei Töne darunter lagen. Diese zwei Töne bilden sozusagen eine Minimalstruktur der Musik mit extremer meditativer Wirkung. Geht ein derartiger Singsang über 30 bis 60 Minuten, so kann das Meditationsstadium so tief absinken, dass es praktisch einer bestimmten Anästhesieform gleichkommt, nachweisbar über eine typische Deltawellenstruktur im Gehirn, die unter 4 Hz beträgt.

Im protestantischen Leipzig verfolgte der bekennende Christ Johann Sebastian Bach den gleichen Weg, doch er ging in seiner polyphonen Musikgestaltung über das Stadium der Meditation hinaus, wohl wissend, dass die meditative Projektionsebene nur horizontal ausgerichtet ist. In dieser Dimension erfolgt quasi eine mehr oder weniger starke Abschottung von dieser Welt. Unter Ausschaltung aller Antennen (Sinnesleistungen) wird das willentliche Denken zurückgenommen und das aktuelle Bewusstsein entspricht dem Zustand »Still ruht der See«, um eine Erfahrung aus der Mystik zu zitieren. Aufgeregtes Denken ist wie eine sturmgepeitschte See, in deren Fluten sich Mond und Sterne nicht spiegeln können. Dieser Geist braucht die Beruhigung durch meditative Übungen, um aus seiner zwanghaften Aktivität herauszukommen.

Neben dieser Meditationsform mit horizontaler Ausrichtung existiert in logischer Konsequenz die senkrechte Dimension, und in dieser kontemplativen Ausrichtung ist die gesamte menschliche Projektion auf die Erfahrung der endgültigen Wahrheit ausgerichtet. In vielen Werken vermittelt Bach die meditative Ruhe durch typische repetitive Klangbilder seiner polyphonen Gestaltung, und zwar durch die Wiederholung bestimmter Motiv- oder Melodiesequenzen, wobei die repetitiven Strukturen bis zu 36-mal hintereinander ausgelegt sein können. In seiner Kantate »Vergnügte Ruh', beliebte Seelenlust« beispielsweise vermittelt Bach den Zuhörern eine meditative Grundstimmung, die diese über Vertrautheit und allgemeine Gelassenheit zur meditativen Entspannung führt. In meditativen Stimmungsbildern wie »Still ruht der See« erfährt der Mensch eine ganzheitliche Entspannung für den Körper, aber auch eine völlig neue Kreativität für den Geist – er ruht in seiner Gesamtheit.

Musik lebt von Melodie und Rhythmus, aber auch von der Gestaltung der schöpferischen Pause.

Thomas von Aquin sagte: »Das äußerste Glück des Menschen liegt in der Kontemplation der Wahrheit.« In der Kantate »Vergnügte Ruh', beliebte Seelenlust« steht die Ruh für Meditation und die Seelenlust für Kontemplation, das heißt nach der Phase »Still ruht der See« geht es um die Entwicklung der höchsten Fähigkeit des menschlichen Geistes, geht es um die Kontemplation der Wahrheit. »Ist das nicht der totale Wahnsinn«, schrieb Hans Zehender in der *Welt* vom 28.7.2000, »Bach sucht die Ganzheit des Lebens, nicht den schönen Schein. Die Ganzheit umfasst auch das Schwierige, das Dunkle, das Absurde. Der Hörer soll nicht einfach genießen, sondern geistig mitarbeiten.«

Aus der Praxis für die Praxis

Lampenfieber, Prüfungsangst

Jeder von uns kennt das flaue Gefühl im Bauch, die klopfenden Adern in den Schläfen und die feucht-kalten, zittrigen Hände unmittelbar vor einer Prüfung, vor einem entscheidenden Examen, also vor Situationen, in denen es um etwas geht. Man läuft unruhig auf und ab und beim Essen bleiben die Bissen regelrecht im Halse stecken. In dieser Situation ist es schwierig, einen klaren Gedanken zu fassen, der Kopf kommt uns öde und leer vor und der mühevoll erarbeitete Lernstoff erscheint wie weggeblasen.

Geh in einer derartigen Prüfungssituation vor deinem Auftritt in die Stille, suche ein ruhiges Plätzchen und tauche in deinen »imaginären Uterus« (Sitz- oder Hockposition) ab.

Schließe die Augen und repetiere über Atmung und Leitsatz.

Praktiziere bereits Wochen vor der entscheidenden Prüfung das RMT, und so ausgerüstet beginnt dein Auftritt ruhig und entspannt und die gewonnene neue Kreativität kann zur Stunde null von dir problemlos abgerufen werden.

Vermeide vor Prüfungssituationen in jedem Falle den direkten Kontakt mit anderen »Leidtragenden«, denn auf diese Weise wird der schon angehobene Stresspegel nur weiter gesteigert und die allgemeine Unsicherheit nimmt zu.

3 QUELLEN DER MEDITATION

Der Klang ist seit jeher die ureigenste Lebensäußerung des Menschen. Klang und Rhythmus in Wiederholung waren in allen Kulturen zu finden – angefangen vom einfachen Stampfen der Beine und begleitet vom Händeklatschen bis hin zu rhythmischen Darstellungen, die zum Teil durch Trommeln, Glocken und Schellen verstärkt wurden. Diese Art der Ton- und Rhythmuswiederholung kann somit als ureigenste Ausdrucksform des Menschen angesehen werden. Auch in der Bibel steht im Buch *Genesis* ein Klangbild zu Beginn: »Am Anfang schuf Gott Himmel und Erde, die Erde aber war wüst und wirr, Finsternis lag über der Urflut, und Gottes Geist schwebte über dem Wasser. Gott sprach: ›Es werde Licht‹, und es wurde Licht.«

Schwingende Worte und Klänge sind es, die den Anfang menschlicher Existenz auf dieser Erde bestimmen, oft kombiniert mit bewussten und unbewussten körperlichen Resonanzen, wie sie bereits im Judentum seit dem zweiten Tempel, also um 1500 v.Chr., das typische Gebetsverhalten dieses Volkes prägen. Eine verstärkte Konzentration erlebt der Gläubige durch Vor- und Rückpendeln des Oberkörpers, sodass diese meditative Erfahrung eine stärkere Ausrichtung auf Gott ermöglicht. Unverändert hat sich diese Gebetstechnik bis ins moderne Israel erhalten, wie unschwer an der Klagemauer in Jerusalem zu sehen ist. Das pendelnde Urverhalten des Menschen ist vergleichbar mit der Wiege, die unsere erste rhythmische Erfahrung nach der Geburt darstellt.

Stammesberichte nordamerikanischer Indianer ergeben, dass gemäß der Schöpfungsgeschichte der Ton die ursprünglichste Macht darstellt, ausgedrückt durch die Trommel – und sie gilt deshalb als verehrungswürdig, weil sie in ihrer Form das gesamte Weltall darstellt, wobei ihr Schlag die Stimme des großen Geistes ausdrückt, um das Geheimnis aller Dinge verstehen zu können.

Auch im christlichen Glauben suchten die Mystiker im Mittelalter – allen voran Meister Eckehart – Gottes Wahrheit auf emotionalem Wege zu erfahren, und in ihrer elementaren Ausrichtung fanden Askese und Meditation im täglichen Gebetsleben einen hohen Stellenwert. Bereits im 14. Jahrhundert brach ein Urbedürfnis in breiten Schichten des Volkes nach religiöser Erfahrung auf und man suchte das Heil in emotionalen mystischen Erfahrungen, denn Mystik bedeutet nicht Transzendenz, sondern Immanenz des Göttlichen, besagt ein Innewerden Gottes in der eigenen Brust.

Diese Art der Frömmigkeit hat vor allem die russisch-orthodoxe und griechisch-orthodoxe Kirche bis heute nicht verlassen. Im Gegensatz zum aufgeklärten Westen mit seiner verstandesmäßigen Suche nach der göttlichen Wahrheit bevorzugt der Osten bis heute die emotionale Projektion.

Seit dem 14. Jahrhundert wird in Griechenland um den Berg Athos herum von Einsiedlermönchen das Herz-Jesu-Gebet mit typisch repetitiven Techniken praktiziert. Der gesamte Tagesverlauf dieser Mönche wird von diesem repetitiven Gebetsmodus bestimmt, wobei sie ständig bemüht sind, eine Synchronisation zwischen ihrer Gebetsformel und der Ein- und Ausatmung herzustellen. Rund um die Uhr bleiben sie in allen Zuständen des wachenden Geistes in dieser meditativen Grundstimmung. Auf diese Weise sorgen sie für die notwendige Distanz zu den weltlichen Ereignissen, um sich dann sekundär auf die senkrechte, kontemplative Dimension auszurichten, die eine klarere und ungetrübte Sicht auf das Licht Gottes (Taborlicht nach Matthäus 17) ermöglicht. Sie sind der festen Überzeugung, dass ohne dieses Gebetsverhalten auch der Einsiedlermönch in seiner kontemplativen Ausrichtung auf Gott gestört wird, weil trübe Wolken das Licht der göttlichen Erkenntnis verdunkeln können.

Klang, Musik und Schwingungen spielten aber auch bei den alten Griechen eine große Rolle. Bereits Pythagoras hatte erkannt, dass Sequenzen von Akkorden das menschliche Verhalten verändern können, und er glaubte im Weltall Schwingungen zu erkennen, die sich auch den lebenden Organismen mitteilen würden.

Diese komplexe Resonanz ist auch der Inhalt alter östlicher Kulturen, die davon ausgehen, dass aus einer allumfassenden spirituellen Schwingung heraus alles entstanden ist, und von der sämtliche Daseinsformen herrühren, die in einer ewigen Verbindung zueinander stehen. Konfuzius glaubte sogar an die nachhaltige Wirkung klanglicher Schwingung auf die gesamte Nation, basierend auf einer Harmonie zwischen Mensch und Umwelt, wobei aus der Quelle des reinen Herzens gute Gedanken und rechtschaffene Ideale gefördert werden.

Bis in die Gegenwart hinein haben sich repetitive Meditationstechniken erhalten: Noch heute wird beispielsweise von Pilgern der Jakobsweg über Süddeutschland, die Schweiz bis nach Santiago de la Compostela in Spanien begangen und über die Synchronisation von Gebet, Atmung sowie wechselndem Beinrhythmus eine meditative Grundhaltung angestrebt. Dieses »Beten mit den Beinen« verbindet auf körperlichem und geistigem Wege eine Gesamtfokussierung von Körper und Geist, wobei der ganze Mensch auf die göttliche Botschaft ausgerichtet ist. Entrückt von den Wirren dieser Welt, gilt seine gesamte Aufmerksamkeit der absoluten Wahrheit, die nur über die senkrechte kontemplative Dimension erfahren werden kann.

Beten mit den Beinen ist Meditation und Kontemplation in einem.

Auch im Tanz finden wir immer wieder repetitive Elemente, zum Beispiel im Flamenco, bei dem die gebündelte Wirkung repetitiver Strukturen geradezu auf die Spitze getrieben wird. Prägend ist der Staccatorhythmus in paralleler Ausrichtung zwischen Gitarre und Beinrhythmus, wobei die gesamte Körperresonanz noch durch den kastagnettenverstärkten Armeinsatz betont wird. An dieser Stelle schließt sich auch der Bogen zu den überaus erfolgreichen »River-Dance-Gruppen«, wenn Hunderte Beinpaare den typischen repetitiven Rhythmus irischer Volksmusik auf der Bühne zur Darstellung bringen. Schon nach kurzer Zeit springt der Funke auf das Publikum über und setzt eine regelrechte Tranceinduktion in Gang.

M. Ravel konnte 1928 bei seiner Uraufführung des *Bolero* in Paris mit der Tanzcompagnie Rubinstein die gleiche Erfahrung machen. Zunächst unauffällig, im Laufe der Aufführung aber permanent verstärkt, tritt die Tanzszene einer Zigeunerin verstärkt in den Vordergrund und versetzt einen Teil des Publikums regelrecht in Rage.

Emotionale Zündfeuer dieser Art können jedoch eine Zuhörerschaft, die unvorbereitet damit konfrontiert wird, in eine regelrechte Spaltung führen. So erging es auch Ravel in Paris, denn die Reaktion des Publikums schwankte zwischen Begeisterung und Ablehnung: »Er ist verrückt, verrückt, verrückt«, klangen vereinzelte Rufe auf die Bühne, während andere ihre Begeisterung in tranceähnlichen Zuständen zum Ausdruck brachten.

Aus der Praxis für die Praxis

Schlafstörungen

Schlafstörungen sind ebenso eine Geißel unserer Zeit wie Lärm und Zeitmangel, und schon nach kurzer Zeit bleiben Leistung und Gesundheit auf der Strecke, wenn der natürliche Tages-Nacht-Rhythmus auf Dauer gestört ist. Zu wenig Schlaf auf Dauer macht nicht nur krank, sondern lässt uns auch früher altern. Schlafstörungen verändern das Körperverhalten, und 24 Stunden Schlafentzug entsprechen etwa der Wirkung von einem Promille Alkohol. Das Tagesgeschehen liegt unter der Leitung des Aktivitätsnervs (Sympathikus), während in der Nacht der Beruhigungsnerv (Vagus oder Parasympathikus) das Sagen hat. In der nächtlichen Erholungsphase werden auf natürlichem Wege alle Stoffwechselvorgänge heruntergeschaltet (Hypometabolismus) und in dieser Hinsicht weist der Nachtschlaf des Menschen gewisse Parallelen zum Winterschlaf der Tiere auf. Der allgemeine Sauerstoffverbrauch sinkt in der Nacht auf 10 bis 17 Prozent, allerdings benötigt man in der Regel beim Schlaf vier bis fünf Stunden, um auf diesen Level zu kommen.

Das RMT ist eine echte Hilfe für alle Schlafgestörten, denn jede zentrale Erregungskurve im Kopf kann durch die Wiederholung der Wiederholung heruntergefahren werden.

Stille, geschlossene Augen und entspanntes Liegen herrschen in der Regel in der Nachtzeit vor. Ergänzend dazu konzentrieren wir uns auf den Synchronisationsvorgang zwischen Atmung und Leitsatz, wodurch die beherrschende Wirkung des Aktivitätsnervs reduziert werden kann. Die Meditationsphase kündigt sich durch die beruhigende Bauchatmung an, gefolgt von einer allgemeinen Muskel- und Gelenkentspannung und man hat das Gefühl, tiefer in Matratze und Kopfkissen zu sinken.

In dieser neuen Kopf- und Körpersituation verliert die Zeit in dunkler Nacht ihren Schrecken, die bei anhaltenden Schlafstörungen nur schleppend und träge verläuft. Durch das RMT fällt man weich aus diesem Zeitraster, man liegt wohlig entspannt im Bett und bedauert, wenn dieser Wellnesszustand plötzlich durch Weckerklingeln beendet wird.

Als aktiver Bergsteiger verbringe ich gern meine Urlaubszeit in Graubünden und ich werde gewöhnlich morgens gegen 8.00 Uhr wach. Bei gutem Wetter zieht es mich meist schon um diese Zeit in die Berge, nicht jedoch bei Regen und Nebel. In der »Warteschleife« vor den allgemeinen Tagesaktivitäten ist dann mein individuelles Meditationsprogramm inzwischen zu einer lieben Gewohnheit geworden und die Synchronisation zwischen Atmung und Leitwort bewirkt schon nach kurzer Zeit die innere

Wohltat einer allgemeinen körperlichen Entspannung. Dieser Zustand ist geprägt von einem regelrechten Kreativitätsschub im Kopf, und aus diesem Grunde liegen auf dem Nachttisch Notizblock und Bleistift parat. Besonders angenehm für mich ist ein völlig neues Zeitgefühl, sodass der Entschluss des Aufstehens oft bis 10 Uhr hinausgezögert wird.

Eines meiner präventivmedizinischen Seminare auf Korsika wurde einmal mitbestimmt durch das *festival du vent* (Windfestival) in der wunderschönen Bucht von Calvi. Leider beschränkte man sich nicht auf die bunte Vielfalt ballonartiger Gebilde, variabel gestaltet durch den Meereswind. Das Festival wurde gleichzeitig begleitet durch zahlreiche Musikkapellen, wobei insbesondere die afrikanische Trommel zum Einsatz kam und das benachbarte Hotel für diesen Sound eine Plattform gewährte, die bis tief in die Nacht genutzt wurde. Noch nachts um 3.00 Uhr klang lauter Trommelrhythmus an mein Ohr und in früherer Zeit hätte wohl nur die Flucht aus dem Hotelzimmer die Lösung des Problems dargestellt. In dieser Situation konnte ich meine Trainingserfahrung des RMT optimal nutzen: Ich schaltete meine Ein- und Ausatmung synchron zum Trommelrhythmus, kam auf diese Weise schnell zur Ruhe und konnte die störende Afrikatrommel problemlos wegstecken.

Rebelliere nicht gegen Stress, den du nicht verhindern kannst, akzeptiere ihn und nutze dann das RMT, um über die Fokussierung des Gehirns einen schützenden Abstand zu der äußeren Stressquelle zu erhalten.

Wie schon erwähnt, ist der regelmäßige Wechsel in unserem Tag-und-Nacht-Rhythmus für die Erhaltung von Leistung und Gesundheit von entscheidender Bedeutung. Medizinische Untersuchungen über anhaltende Nachtarbeit belegen wirkungsvoll, wie schnell auf Dauer nachhaltige Störungen im Körperverhalten auftreten und insbesondere das so wichtige Immunsystem stören können. Ernst zu nehmende Empfehlungen für einen erholsamen und gesunden Schlaf lauten daher:

- Akzeptiere den natürlichen Biorhythmus zwischen Tag und Nacht analog zur Umschaltung des Aktivierungsnervs (Sympathikus) auf den Beruhigungsnerv (Parasympathikus).
- Stelle dich auf dein Leistungstief am Mittag ein und nutze einen 15-minütigen Megaschlaf.
- Tanke täglich über 30 Minuten maximal Sauerstoff über die Aktivität des rechten und linken Beines bei tiefer Atmung.
- Genieße das Nachtessen, möglichst vor 19 Uhr, kohlenhydratbetont, eiweißkontrolliert und mit geringem Fettanteil. Trinke etwa 2 bis 3 Liter kalorienfreie Flüssigkeit pro Tag.
- Genieße gelegentlich ein Bier oder einen Wein, wobei zwei Gläser genügen.
- Entspanne dich am Abend bei meditativer Musik, mit einem guten Buch oder während eines kleinen Spaziergangs und vermeide Stress.
- Sorge für einen optimalen Federungskomfort über Lattenrost und Matratze in flacher Einstellung des Kopf- und Fußteils. Ein plastisch verformbares Kopfkissen (z.B. Hirse- oder Dinkelspreufüllung) passt sich der individuellen Rücken- und Seitlagerung an. Bauchschläfer liegen flach und verzichten auf jeglichen Kissenkomfort.
- Das Bett steht weit entfernt vom Fenster mit offener oberer Klappenlüftung: Wie man sich bettet, so liegt man.
- Mindestens 8 Stunden Schlaf braucht der Mensch regelmäßig.

4 REPETITIVE MEDITATIONSPHÄNOME IN DER NATUR

Wirkungsvolle Stimmungsbilder in der Natur hat der Mensch zu allen Zeiten genutzt, um nach den Mühen des Tages neue Kraft zurückzugewinnen. Hineinversetzt in das unmittelbare Szenario einer intakten Landschaft, wirken dabei unterschiedliche Stimmungsbilder wie ein Panoptikum, sodass unvermittelt die Wogen allgemeiner Erregung nach unterschiedlichen Stresssituationen wieder geglättet werden können. Wer erinnert sich nicht an frühe Kindertage, wenn man bei einem Gewitter Schutz und Zuflucht in einem Stall oder Schober gefunden hatte und wenn nach Beendigung von Blitz und Donner die allmählich langsamer werdenden Regentropfen von einer Dachkante perlten und die innere Anspannung sich auflöste? In gleicher Weise wirken tanzende Schneeflocken, die eine weite Landschaft in einen kleinen Mikrokosmos verwandeln, wobei das repetitive Fallmuster der weißen Schneekristalle für Stille, Frieden und Ruhe steht.

Ein ähnliches meditatives Phänomen kann man an einem Sommertag am Rande eines Kornfeldes erleben, wenn der Wind die gleichförmigen linearen Strukturen der Ähren in ein wogendes Wellenmeer verwandelt, wobei in regelmäßiger Folge die elastischen Halme eine nicht enden wollende Wellenbewegung vollziehen. Vorüberziehende Wolken erscheinen ebenso beruhigend, weil sich ihr endlos scheinender Rhythmus dem Betrachter unmittelbar mitteilt und ein allgemeiner Erregungszustand meditativer Entspannung Platz macht. Diese bewegten Landschaftsbilder vermitteln jedoch nur so lange Ruhe und Entspannung, wie sie sich

Wolken, Wind und Wellen: das RMT in der Natur.

dem Betrachter in Zeitlupe und verlangsamter Folge darstellen. Peitscht dagegen der Sturm die Wolken über den Himmel oder die Brandung gegen das Ufer, so signalisiert die gesteigerte innere Aufmerksamkeit eine vermehrte Leistungsbereitschaft, das heißt, alle Sinne sind aufs Äußerste geschärft und ein gesteigerter Kampf-Flucht-Reflex kann jederzeit ein Aktivierungsmanöver einleiten.

Meditativ wirkt auch eine Landschaftsform mit sanften Hügeln und lieblichen Tälern, wie dies in vielen Mittelgebirgslandschaften der Fall ist. Beeindruckend in dieser Hinsicht sind auch die wellenförmigen Sandformationen von Wüstenlandschaften,

die über ihren ständigen repetitiven Strukturwechsel zwischen Erhebung und Abflachung beeindrucken. Die meditative Wirkung auf den Betrachter kann noch verstärkt werden, wenn man Fotos solcher Landschaften während einer Diabetrachtung mit repetitiver Musik kombiniert.

Befinden wir uns dagegen in einer extremen Bergregion mit bizarren Gipfelaufbauten, wie zum Beispiel in den Granitfelsen im Schweizer Bergell, so verliert die äußere Szene auf den Betrachter ihren entspannenden meditativen Charakter. In mächtiger Position thront das Matterhorn über Zermatt und seine kühnen Felsen signalisieren mehr distanzierte Ehrfurcht als Geborgenheit und Vertrautheit. Sanfte, harmonische Repetitionsstrukturen einer Hügellandschaft wirken beruhigend und entspannend – kühne Linienführungen mit extremen Richtungsänderungen repräsentieren dagegen das Bild einer fremdartigen Bedrohung.

Der Mensch in seiner Umgebung wird aber nicht nur von Stimmungsbildern angesprochen, häufig sind es repetitive Geräuschmuster, die der Wind in seinem Spiel mit Wasser, Sand und Blättern verursachen kann. Auf meinen Seminarreisen kann ich

immer wieder feststellen, dass Hotelzimmer am Meer bevorzugt gebucht werden, weil das repetitive Klangmuster des Meeresrauschens bei den Beteiligten eine wohltuende Entspannung auslöst und die Buchung deshalb mit dem Vermerk quittiert wird: »In einem Zimmer am Meer kann ich immer so tief schlafen.« In ähnlicher Weise wirkt das endlose Rauschen eines Flusses oder auch die selbst gebastelte Wasserfontäne im eigenen Garten.

Die Romantiker unter unseren Dichtern hatten noch eine entsprechende Sensibilität für die Sprache dieser typischen Heimatklänge. Repetitive Stimmungsbilder waren es, die in gekonnten Versen über Waldesrauschen, das Wogen eines Kornfeldes, stimmungsvolle Sonnenuntergänge oder klare Mondnächte dem Leser vor Augen geführt wurden. Lassen wir dazu Matthias Claudius zu Wort kommen:

Der Mond ist aufgegangen,
die goldnen Sternlein prangen
Am Himmel hell und klar,
Der Wald steht schwarz und schweiget,
Und aus den Wiesen steiget
Der weiße Nebel wunderbar.

Wie ist die Welt so stille,
Und in der Dämmrung Hülle
So traulich und so hold,
Als eine stille Kammer,
Wo ihr des Tages Jammer
Verschlafen und vergessen sollt.

Aus der Praxis für die Praxis

Leistungssteigerung im Sport

Im Leistungssport kommt es immer wieder auf das richtige Timing an, auf den entscheidenden Moment des Absprungs, auf die rechtzeitige Zündung des »Turbos« vor der Bewegungsexplosion. Der Wettkampf beginnt aber nicht unmittelbar vor dem Start, sondern bereits in den Wochen der Vorbereitung, wechselnd gestaltet zwischen Zeitabschnitten der Anspannung und Entspannung. Wird in diesem wechselvollen Rhythmus die eine Seite gegenüber der anderen zu stark betont, leidet entweder das so wichtige Immunsystem oder es fehlt im entscheidenden Moment am notwendigen Stehvermögen, das in der direkten Auseinandersetzung im Wettkampf jedoch unverzichtbar ist.

In der Szene herrscht das Übertrainingssyndrom vor, weil in der straffen Vorbereitungszeit mit zu viel Ehrgeiz und zu harten Übungseinheiten vorgegangen wird, wodurch zwangsläufig die wieder aufbauende Regenerationsphase zu kurz kommt und auch ihr Gehalt keine große Wirkung zeigt. Entzündliche Halserkrankungen, allgemeine Infektionen, schmerzhafte Muskel- und Gelenkverspannungen, ja ein allgemeiner Leistungsverlust sind die Folge, wenn in der Wettkampfvorbereitung die Anspannung gegenüber der Entspannung dominiert – mit dem Ergebnis: Der Sportler ist nicht auf den Punkt fit und die gewünschten sowie hart erarbeiteten Erfolge bleiben aus.

Der ärztliche Betreuer der Deutschen Hockeynationalmannschaft sprach vor Jahren von nachhaltigen Problemen vor Wettkampfreisen in ferne Länder, zum Beispiel Indien und Pakistan, weil die hochtrainierten Spieler über eine erhöhte Infektanfälligkeit klagten, wodurch die Umsetzung der erarbeiteten Leistung im Wettkampf entscheidend gestört wurde.

Wie wichtig jedoch eine ganzheitliche Art des Trainings ist, zeigen beispielsweise die Mönche im Kloster: Sie geben auch für moderne Sportler ein gutes Beispiel ab, wenn für die Gesundung von Körper, Seele und Geist eine enge Verbindung zwischen Askese und Meditation gesucht und empfohlen wird. Leistungs- und speziell Ausdauersport ist die moderne Askese vergangener Tage, denn der Körper geht über eine begrenzte Zeit auf Distanz zu der in unseren Breiten meist vorherrschenden Rundumversorgung, wobei aber gleichzeitig dem gesamten Bewegungssystem eine extreme Leistung abverlangt wird. Beendet man jedoch nach einem harten körperlichen Einsatz die Übungseinheit mit dem RMT, so ist auf diese Weise die allgemeine Regenerationszeit zwar auch erheblich verkürzt, kann aber in ihrer Wirkung deutlich verbessert werden.

Praktisch sieht dies so aus: Es empfiehlt sich, zum Beispiel einen 10-km-Lauf unmittelbar mit dem RMT über 15 Minuten abzuschließen. Hierbei kann es durchaus passieren, dass man kurz einmal einnickt, zu vermeiden ist jedoch jede längere Schlafperiode. Nach Beendigung dieses Megaschlafes ist der Trainingsstress wie weggewischt, man startet neu gestärkt, muskulär entspannt und mit einem klaren Kopf, wenn man vorher folgende Regel einhält:

- Entspanntes Sitzen oder Liegen nach Abschluss der Trainingseinheit;
- Konzentration auf Ein- und Ausatmung;
- Synchronisation zwischen dem Atemrhythmus mit einem persönlichen Leitsatz oder repetitiver Musik.

Nach kurzer Zeit verliert der Kampfnerv (Sympathikus) seine dominierende Wirkung:

- Die schnelle und belastende Brustatmung wechselt auf die langsame, tiefe Zwerchfellatmung;
- Herzrhythmus, Puls und Blutdruck erreichen schnell ihre Ruhewerte;
- es wird eine wohltuende Muskelentspannung ausgelöst.

Die verkürzte Regenerationszeit ist insbesondere dadurch zu erklären, dass der allgemeine Sauerstoffbedarf durch die Umschaltung des Kampfnervs auf den Beruhigungsnerv absinkt. Schon nach fünf Minuten geht der Sauerstoffverbrauch um 10 bis 17 Prozent zurück.

Repetitives Meditationstraining ist aber auch ein wertvolles Rüstzeug direkt vor Startbeginn oder während eines lang andauernden Wettbewerbs. Leistungseinbußen kann es geben, wenn Läufer wie die Rennpferde in der Startbox zu unruhig und nervös sind, wenn die Starter vor einem Abfahrtsrennen sich gegenseitig nervös machen oder wenn die Gefahren der zu bewältigenden Rennstrecke den Skiläufern den Schweiß auf die Stirn treiben.

Geh bei Startfieber in die tiefe Entspannungshocke und ziehe dich in den »imaginären Uterus« zurück, fokussiere Gedanken und Körper, Atmung und Leitsatz und explodiere dann beim Start.

Das RMT im Leistungssport ist eine leicht verfügbare Sauerstoffdusche für alle.

Das Stadion kocht und brodelt, der Zehnkampfwettbewerb zieht sich in diesem »Hexenkessel« über Stunden in die Länge und bei allen Beteiligten liegen inzwischen die Nerven blank. Zermürbend in einem derartigen Wettbewerb sind die schleppend sich hinziehenden Pausen zwischen den einzelnen Einsätzen. In dieser Warteschlange vor dem nächsten Start tauschen in der Regel die direkten Konkurrenten »psychologische Niedlichkeiten« aus – sie ziehen alle Register in einem Nervenkrieg, um den direkten Rivalen auf diese Weise aus dem Weg zu räumen. So kann es durchaus passieren, dass bei olympischen

Spielen ein Goldmedaillen-Aspirant von seinem direkten Gegenspieler bewusst so aus dem psychologischen Gleichgewicht geworfen wird, dass er beim nächsten Rennen einen dreimaligen Fehlstart hinlegt. Die beste Rüstung gegen solche Tricks in einem langen Wettkampf ist das RMT nach dem Motto »Zieh dich aus der direkten Konfrontationszone zurück und repetiere«.

Auf diese Art und Weise geht man den direkten und unnötigen Angriffen der Gegner aus dem Weg, erholt sich in kürzester Zeit (5 Minuten) und mobilisiert auf elegante Art die letzten Leistungsreserven des eigenen Körpers, um zur rechten Zeit den Wettbewerb erfolgreich gestalten zu können. Fünf Minuten RMT haben einen stärkeren Wiederherstellungseffekt auf die körperliche Fitness als eine Stunde Erholung ohne RMT. Notwendig ist danach allerdings ein kurzes und sportspezifisches Aktivierungsprogramm, um beim nächsten Start dann regelrecht explodieren zu können.

Bergsteigen

Bergsteigen in große Höhen ist mit einem hohen Sauerstoffdefizit verbunden, da der verminderte Partialdruck nicht mehr 21 Volumenprozent garantiert. In unseren Breiten ist der ausdauertrainierte Bergsteiger in der Lage, bei der Einatmung 5 Prozent Sauerstoffanteile zu entnehmen, sodass die Ausatmungsluft nur noch 16 Prozent Anteile enthält. Im Vergleich hierzu kann ein Nichtausdauertrainierter nur 3 Volumenprozente bei der Einatmung verwerten, sodass die Ausatmungsluft immerhin noch 18 Prozent Sauerstoffgehalt aufweist. Die Ursache liegt in einem unzureichend angepassten Sauerstofftransportsystem, das abhängig ist von der Leistungsfähigkeit und -stärke des Herzens, von der Trägerkapazität des roten Blutfarbstoffes und von der Anzahl und Größe der zur Verfügung stehenden Kraftwerke (Mitochondrien) in der Muskulatur.

In großen Höhen stößt jedoch auch ein optimal im Ausdauerbereich angepasster Bergsteiger an seine Grenzen, weil das Gesamtangebot der atmosphärischen Luft an Sauerstoff reduziert ist. Viele Bergsteigergenerationen waren über Jahre gezwungen, dieses Versorgungsmanko in Sauerstoffflaschen verpackt auf dem Rücken mühevoll mit sich zu führen. Reinhold Messner war der Erste, der durch Training, Erfahrung und Ausdauer diese unüberwindbar scheinende Barriere nahm und den Beweis erbrachte, dass auch Klettern in großen Höhen ohne künstliche Sauerstoffversorgung möglich ist.

In dieser generellen Sauerstoffkrise in großen Höhen geht das RMT den umgekehrten Weg, das heißt, anstelle einer künstlich mitgeführten Sauerstoffquelle und in Ergänzung zu einem extremen Leistungsvermögen wird auf völlig natürlichem Wege dafür gesorgt, dass der individuelle Sauerstoffbedarf gesenkt wird. Im Vordergrund dieser verbesserten Anpassungsfähigkeit in großen Höhen steht die neue Gestaltung der Erholungs- und Regenerationspausen über das RMT.

Wir haben in diesem Buch bereits erfahren, dass durch das RMT der allgemeine Sauerstoffverbrauch bereits nach fünf Minuten zwischen 10 bis 17 Prozent gesenkt werden kann – eine enorme Einsparung. In großen Höhen und unter extremen Bedingungen muss sich somit eine Reduzierung des Sauerstoffverbrauchs von 10 bis 17 Prozent für die allgemeine Leistungsfähigkeit überaus positiv bemerkbar machen. Das heißt: Nutzt der Bergsteiger das RMT in jeder Pause, bei jedem Biwakaufenthalt, dann versetzt ihn dies in die Lage, durch Drosselung des eigenen Sauerstoffverbrauchs situationsgerecht auf das leistungsmindernde Sauerstoffdefizit in großen Höhen reagieren zu können, und das nach folgenden Regeln:

- Geh in die tiefe Entspannungshocke oder begib dich in eine lockere Sitz- oder Liegeposition.
- Fokussiere Geist und Körper (Denken und Handeln) zur Mitte hin über die repetitive Synchronisation von Atmung, Leitsatz oder in Verbindung mit repetitiver Musik.

Auf diese einfache Weise profitieren wir bereits nach fünf Minuten von der Umschaltung des Kampfnervs auf den Erholungsnerv, wobei eine wesentliche Einsparung von Sauerstoff und Energie das Resultat ist. In der Folge schaltet das gesamte Herz-Kreislauf-System auf einen erholsamen Schongang, um mit Absenken der Herz- und Pulsfrequenz, Reduzierung des Blutdrucks und einer Umschaltung der Energie verbrauchenden seitlichen Brustatmung auf die ruhige und entspannende Zwerchfellatmung zu reagieren. Die überlastete Muskulatur wird allgemein entspannt, das Denken steuert in eine völlig neue Dimension, wobei eine schöpferische Kreativität unmittelbar in einen fördernden Leistungsschub umgesetzt werden kann.

Überaus positiv registriert der Bergsteiger ein verändertes Zeitgefühl, wodurch lange Zwangspausen und durchwachte Nächte besser ertragen werden können. Die Zeit in meditativer Entspannung bleibt regelrecht stehen und ein begrenzender Zeit-Takt-Rhythmus wird durch eine neue unendliche Dimension den extremen Höhen angepasst, sodass Raum und Zeit miteinander verschmelzen. Fazit: Das RMT ist eine Sauerstoffdusche in großen Höhen und ersetzt die Sauerstoffflasche beim extremen Bergsteigen.

5 BEWUSSTSEINSÄNDERUNG DURCH MEDITATION

Das Bewusstsein hat viele Aspekte, eindeutig im Vordergrund steht jedoch die subjektiv in uns aufgenommene Welt der mannigfaltigen Sinneserfahrungen. Das Ich-Erlebnis unterhält ein buntes Mosaik unseres Denkens, Fühlens, ja letztendlich all unsere Empfindungen, die über Nervenbahnen zu unterschiedlichen Aktivitäten in der gesamten Großhirnrinde führen. Bewusstsein ist demzufolge die Summe differenzierter Reizzustände der Großhirnrinde, wobei Leben sicher nicht als die mathematische Summe der einzelnen Teile verstanden werden kann. Im komplexen Zusammenspiel des Organismus, der eine Vielzahl von Informationen miteinander vernetzt, entsteht eine besondere Dynamik, die neue Räume eröffnet, das heißt, einfaches Denken, Fühlen und Empfinden schaffen im Zusammenspiel eine Bewusstseinsstufe, die weit über den einfachen Erregungszustand der Großhirnrinde hinausgeht.

Die empfangenen Signale im zentralen Nervensystem – egal, ob interner oder externer Natur – sind sozusagen »Imaginationen des Ichs« und entziehen sich einer objektiven Messung von außen, also einer unabhängigen Bewertung über eine dritte Person. Schmerz beispielsweise ist ein durch und durch subjektives Geschehen und unterliegt der Wertung der eigenen Person, und nur auf empirischem Wege unter Berücksichtigung von Vergleichen ist ein Mediziner in der Lage, ein objektives Urteil hierüber abgeben zu können. Unsere sensorischen Antennen ermitteln nicht nur akustische und visuelle Reize, sondern auch eine breite Palette von Körperempfindungen: Sie reicht von der zarten Berührung einer streichelnden Hand bis zur schmerzhaften Verbrennung der Haut an einem heißen Ofen.

Die Umwelt teilt sich uns aber nicht nur auf festgelegten Sinnesbahnen mit – es gibt auch ein Bewusstsein jenseits der sensorischen Wahrnehmung. Ausgelöst wird es von kognitiven Denkmodellen unserer abstrakten Wahrnehmung oder durch unterschiedliche Stufen der Vertrautheit, wie sie im Aufbau zwischenmenschlicher Beziehungen zu finden sind, bis hin zur innigen Liebe. Insbesondere »Amore«-Empfindungen sind es, die regelrechte Qualitätssteigerungen und völlig neue Tiefenempfindungen im Bewusstsein des Menschen einleiten können und eine völlig neue Dimension eröffnen.

Der Mensch kann mit den Händen nicht nur sehen, sondern auch sprechen.

Berücksichtigen wir ferner auch das menschliche Zeitempfinden, das jenseits jeder sensorischen Reizleitung einzuordnen ist, denn es entzieht sich nachhaltig der Wertung und Messung aus der »Ego-Perspektive«. Auch die bewusste Wahrnehmung auf sensorischen Bahnen ist nicht exakt festgelegt, daher sind visuelle Empfindungen austauschbar und können ohne weiteres über sensible Reizbahnen geschaltet werden. Wir wissen, dass ohne Augenkontakt unsere Finger in einem dunklen Raum Gegenstände ertasten und erkennen können. Wir können also quasi mit unseren Händen sehen, womit der visuellen Reizleitung ein sensorischer Kanal zugeordnet wurde. In gleicher Weise sind akustische Signale (z.B. das Sprechen) über die so genannte Fingersprache austauschbar – gemeint ist nicht die Pfeiftechnik auf den Fingern, sondern vielmehr eine typische Signalsprache der Hände, die im Gespräch einen entsprechenden Kontakt zu unserem Gegenüber herstellt.

Die Zeichensprache unserer Hände ist durchaus vielseitig und jederzeit ausbaufähig, passt sie sich doch wie unsere Sprache immer der aktuellen Lebenssituation an. Die geballte Faust steht für Kraft und Stärke, in der neudeutschen Formulierung für *power*, die gestreckten Finger symbolisieren dagegen die loslassende, abgebende, ja die segnende Position. Der gehobene Daumen ist Ausdruck für Sicherheit und Erfolg, während die gegenteilige Stellung den Abgang, den Untergang kennzeichnet.

Über Handzeichen können so komplexe Arbeitsvorgänge,

wie das beliebte Telefonieren, wiedergegeben werden; die Stellung einzelner Finger steht sogar für positive und negative Qualitätsbegriffe bis hin zum Austausch von Schimpfworten, die man im normalen Sprachgebrauch besser meidet. Eine Vielzahl an Informationen läuft also vor allem am Tag auf, nachts dagegen wird ein innerer Kanal geöffnet.

Das Bewusstsein teilt sich uns praktisch in zwei Erregungszuständen mit:

- Tagesbewusstsein mit einer hohen Erregungsstufe, bedingt durch das laute und schnelllebige Stresszeitalter, da alle Antennen durchgehend auf Empfang geschaltet sind.
- Nacht- oder Schlafbewusstsein mit Ausschaltung äußerer Reizstufen unter Einbeziehung individuell gestalteter Traumperioden.

Diese zweiteilige Bewusstseinsspaltung in Anlehnung zum Tag-und-Nacht-Rhythmus reicht jedoch nicht aus, um den komplexen Erregungszustand des menschlichen Gehirns vollständig zu erfassen.

Bei der Einstufung des menschlichen Bewusstseins ist man in westlichen Industrieländern in dieser Zweiteilung stecken geblieben, womit ein wesentlicher Erregungszustand in Vergessenheit geraten ist – das so genannte meditative Bewusstsein, wie es auch in Kapitel 1 und 2 schon einmal anklang. Im Vergleich zum Tag-und-Nacht-Bewusstsein ist die meditative Form nicht direkt zugänglich. Eingang zur Meditation findet man über eine Leitschiene, besser gesagt über zwei – einmal über die körperliche und zum anderen über die geistige Projektion durch Einschaltung repetitiver Strukturen, die wesentlichen Kernthemen dieses Buches.

Der regelmäßige Wechsel in unserem Schlaf-wach-Rhythmus ist ein automatisches Geschehen des Bewusstseins, das heißt, nach den Aktivitäten des Tages gehen mit Beginn der Nacht auch die Lampen in unserem Gehirn aus. Der Mensch kommt zur Ruhe und in regelmäßiger Folge wird die Anspannung des Tages von der Entspannung der Nacht abgelöst. Dieses gedoppelte Periodensystem über 24 Stunden menschlicher Existenz könnte den Eindruck erwecken, als gäbe es nur die helle und dunkle Bipolarität im Bewusstseinszustand des Gehirns.

In diese Automatik kann der Mensch jedoch aktiv eingreifen und eine weitere Bewusstseinsebene öffnen, die sich grundlegend von unserem gewöhnlichen Tag-/Nachtempfinden unterscheidet. Es muss jedoch betont werden, dass diese meditative Ebene nicht passiv, das heißt automatisch geschaltet ist. Voraussetzung ist ein aktiver Prozess, den jeder für sich selbst programmieren muss, und zwar am besten durch die Wiederholung der Wiederholung, wie es das RMT bietet. Der neue, nun aktiv eingeleitete meditative Erregungszustand des Gehirns zeichnet sich dadurch aus, dass wir alle Aktivitäten auf ein Zentrum fokussieren und sämtliche Antennen zur äußeren Umgebung einfahren. Vergleichbar ist dieser Zustand etwa mit der Schalttafelzentrale eines Werkes: Während der Tagesaktivität blinken über Erregungsleitungen unaufhörlich Warnlampen, die Zeit der Ruhe aber ist gekennzeichnet durch das gleichmäßige Leuchten einer zentralen Lichtquelle. Zerstreute Gedanken werden auf einen Punkt geführt, denn menschliche Weisheit ist ohne eine Konzentration des Denkens nicht möglich. Kreativität und alle unsere neuen Ideen sind erst möglich, wenn ein vorheriger Reinigungs- und Entleerungsvorgang im Kopf stattfindet.

In der Meditation ruht der Geist in sich.

Rhythmische Schwingungen im Sinne repetitiver Grundmuster sind es also, die uns den Eingang zu unserem meditativen Bewusstsein schaffen, repetitive Strukturen, die alle Gehirnaktivitäten auf einen Punkt fokussieren und nach folgenden Strategien funktionieren:

- Rhythmus der Atmung im Wechsel zwischen Ein und Aus;
- repetitive Sprachmuster, also den so genannten Leitsatz oder repetitive Gebetsformeln;
- repetitive Körperbewegungen, z.B. die typische Wiegebewegung mit wechselnder Richtung;

- Melodie- und Motivsequenzen mit typischem Wiederholungscharakter;
- Stimmungsbilder der Natur mit wechselnden, wiederkehrenden und harmonischen Linienführungen, wie z.B. das Auf und Ab einer Dünenlandschaft.

Die Umschaltung unseres aktiven Bewusstseins in die meditative Form ist in mehreren Stadien möglich, angefangen von losgelöster Gelassenheit bis hin in den bewusstseinsgetrübten Trancezustand, der, wie bereits erwähnt, auch einem schmerzunempfindlichen Anästhesiestadium gleichzusetzen ist. Im RMT können wir drei meditative Stadien erfahren, wie nachfolgend geschildert.

Stadium I – Gelassenheit, Entspannungszustand

Die erste Stufe auf dem Weg in die Meditation wird am leichtesten erreicht, wenn wir unsere gesamte Aufmerksamkeit dem Wechselspiel der Ein- und Ausatmung widmen. Über diese Blasebalgfunktion der Lunge wird der Körper zur Mitte hin geordnet und äußere Reize werden abgeblockt. Mönche mit langer Meditationspraxis sehen in der Atmung das zentrale Verbindungsglied zwischen Kopf und Herz. Über die Konzentration auf das repetitive Atmen können Stresssituationen des täglichen Lebens problemlos heruntergefahren werden, weil dadurch eine Fokussierung des Denkens und Handelns eingeleitet wird.

In der praktischen Umsetzung kommt es darauf an, dass wir lernen, Handlungen und Aktivitäten um uns herum mit dem entsprechenden Atemrhythmus zu synchronisieren. Die Gehirnwellen kommen auf diese Art und Weise zwar in »ruhiges Fahrwasser«, die verbliebene Aufmerksamkeit (z.B. beim Lesen eines Buches oder im Konzert) sorgt jedoch dafür, dass Gelassenheit und Entspannung vorherrschen, aber noch nicht das eigentliche Meditationsstadium. Die Erregungsstufe des Gehirns in dieser Phase entspricht dem Alpha-Rhythmus zwischen 7 bis 15 Hertz und kann in Alltagssituationen wie folgt erreicht werden:

- Konzentration auf die Atmung beim Lesen leichter Literatur in entspannter Körperposition;
- Konzentration auf das repetitive Atemmuster bei einem Vortrag in monotoner Gestaltung;
- meditatives Erleben eines Konzerts durch Synchronisation repetitiver Klangbilder mit der Ein- und Ausatmung;
- Atemsynchronisation mit Meeresrauschen, den Windgeräuschen eines Waldes, wogenden Kornfeldern, wellenförmiger Zeichnung von Wolkenbildern oder Dünenlandschaften.

Körperliche Aktivitäten mit Wiederholungscharakter sind ebenfalls in der Lage, das erste Entspannungsstadium anzusteuern, allerdings dürfen diese Bewegungen nicht mit Leistungsansprüchen und großem Zeitaufwand praktiziert werden:

- Meditatives Laufen mit bewusster Konzentration auf die Atmung oder den Rechts-Links-Rhythmus der Beine;
- Laufen auf einem Trampolin vor einem Spiegel, wobei die Beobachtung des Beinrhythmus die Aufmerksamkeit bündeln kann;
- kurzzeitige Tänze mit Partner und Synchronisation zwischen repetitiver Körperbewegung und Rhythmus (z.B. beim Walzer), sodass sich schon nach kurzer Zeit Gelassenheit und ein allgemeines Glücksgefühl einstellen. Dagegen wirken Einzeltänze über lange Zeit und unter Einbeziehung der ganzen Person derartig stark auf das Bewusstsein, dass durchaus ein Trancezustand eintreten kann.

Gelassenheit und Entspannung als erstes Stadium der Bewusstseinsebene stellen gleichsam die Eingangspforte zur eigentlichen Meditation dar. Über die bewusste Aufrechterhaltung bestimmter geistiger und körperlicher Funktionen (z.B. Lesen, Laufen, Tanzen) bleibt jedoch das Gehirn in einer gewissen Kontrollstellung, die eine entscheidende Bewusstseinsänderung im Sinne der Meditation nicht zulässt. In diesem Falle hat der entscheidende Beruhigungsnerv (Parasympathikus) nicht die Chance, seine vollständige Regie über den Gesamtorganismus zu übernehmen. Gebunden und zentralisiert wurden lediglich alle »geistigen Höhenflüge« durch die Konzentration der Gedanken auf unterschwellige parallel laufende Aktivitäten (Laufen, Tanzen), die in jedem Falle aber eine kontrollierende Steuerung durch den Kampfnerv (Sympathikus) voraussetzen.

Stadium II – Meditation

Diese Bewusstseinsstufe ist geprägt von der kontrollierten geistigen und körperlichen Polarisation, alle sensiblen Außenantennen werden eingefahren und der Geist ruht quasi in sich selbst. Parallel erfolgt die Abschaltung des zielorientierten Denkens, das entscheidend von unserem Willen geprägt wird. Die gesamte Körperregie ist dem Beruhigungsnerv (Parasympathikus) unterstellt, alle Leistungsmotoren wie Herz, Lunge und Kreislauf sind gleichzeitig gedrosselt. Die quer gestreifte Muskulatur schaltet auf wohlige Entspannung, während im gesamten Bauchraum (Magen, Darm, Leber, Nieren, Blase, Geschlechtsorgane) Wiederaufbau und Regeneration angesagt sind. Im Kopf macht sich eine Freiheit des Denkens mit der Ausbildung kreativer Gedanken breit. In dieser Bewusstseinsstufe ticken alle Uhren langsamer und das persönliche Ego geht auf eine deutliche Distanz zu unserer schnelllebigen Welt.

Meditation ist geschenkte Zeit in einer Zeit ohne Zeit.

Die meditative Bewusstseinsebene kann anhand von zwei Leitschienen, der körperlichen und der geistigen, angestrebt werden:

- Gestaltung der körperlichen Leitschiene über das repetitive Atemmuster, das uns in eine innere Harmonie führt, in der alle Herz-Kreislauf- und Lungen-Funktionen entspannt und aufeinander abgestimmt sind;

- Gestaltung der geistigen Leitschiene durch Fokussierung des Gehirns mit Ausschaltung unseres negativen Denkens. Dies geschieht über den so genannten Leitsatz oder das Leitgebet, welches jedoch nur lautlos gesprochen wird. Der Gleichklang dieser inneren Stimme mit dem repetitiven Atemrhythmus bringt schließlich unser Denken auf den Punkt, sodass Sorgen und Ängste wie an einem Panzer abprallen.

Stadium III – Tiefe Meditation, Trance

Läuft über einen längeren Zeitraum repetitive Atmung synchron mit repetitiven Körperbewegungen, Sprache bzw. Gebeten oder mit repetitiver Musik, so entstehen tranceähnliche Zustände, in denen der Mensch auch die vollkommene Kontrolle über sich verlieren kann. Seit Jahrhunderten sind nahezu allen Naturvölkern unterschiedliche Stadien dieser Tranceinduktion bekannt – denken wir nur an den Gestaltungsreichtum der Tänze in Schwarzafrika in Verbindung mit repetitiver Trommelmusik, an die typischen Zeremonien der Indianer, an die tranceähnliche Ausdrucksform tanzender Derwische oder an bewusstseinsgeprägte Körperzustände, wie sie die Jugend heutzutage bei intensiver Technomusik erlebt.

Aus der Praxis für die Praxis

Megaschlaf während der Pausen am Arbeitsplatz

Mega ist die griechische Bezeichnung für groß, gewaltig, mächtig, das passende Synonym für einen optimalen Entspannungs- und Erholungszustand über den kurzen Zeitraum von 15 Minuten – ein Minimaleinsatz, durch den auf verblüffende

Art Kreativität und ein regelrechter Kraftschub wiedergewonnen werden kann.

Für die meisten unter uns wirken die ersten Stunden nach dem Mittag überaus lähmend, die Arbeit kommt ins Stocken und auf neue Ideen mit schöpferischen Gedankensprüngen muss man vergeblich warten. Unsere tägliche Aufmerksamkeitskurve ist wie alles in unserem Leben von Höhen und Tiefen geprägt. Am Vormittag gegen 11 Uhr sind wir »in the mood«, um spät am Nachmittag gegen 19 Uhr einem weiteren Hoch entgegenzusteuern. Dazwischen legt unser Organismus automatisch Regenerationsphasen ein, in denen Leistung und Aufmerksamkeit nur noch mühsam aufrechterhalten werden können, und das geschieht tagsüber zwischen 13 und 14 Uhr und in der Nacht, bevor der neue Tag beginnt (siehe Zeichnung).
Das nächtliche Tief stecken wir so nebenbei weg, das heißt, wir verschlafen es regelrecht, nicht so die natürliche Siestazeit zwischen 13 und 14 Uhr am Mittag. In warmen Ländern geht man in

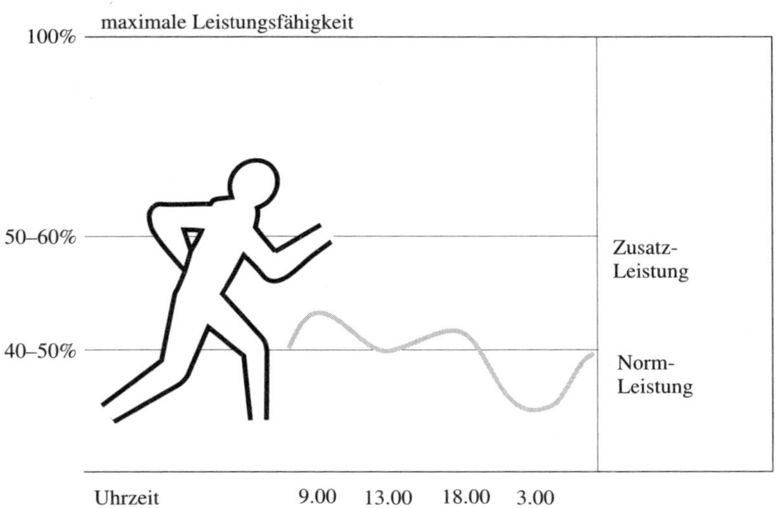

Das 13-Uhr-Mittagstief kann optimal mit dem RMT gestaltet werden.

diesen Stunden konform mit den gestiegenen Außentemperaturen, legt sich aufs Ohr, denn menschliches Denken und Handeln leiden in der glühenden Hitze entscheidend. In unseren Breiten sehen betriebliche Tarifverträge eine mittägliche Siesta nicht vor, stattdessen begeht man praktisch zwei Kardinalfehler, durch die die Produktivität in der zweiten Tageshälfte wesentlich gesenkt wird:

- Man missachtet das biologische Mittagstief und gewährt dem Gehirn nicht die notwendige Regenerationsphase, ein zweiter Kräfteschub für Nachmittag und Abend bleibt also auf der Strecke;
- zusätzlich entzieht man dem Gehirn Sauerstoff und Energie am Mittag durch die Einnahme einer voluminösen Mahlzeit, die entscheidende Verdauungskräfte bindet.

Die logische Konsequenz dieser nachhaltigen Vergewaltigung unseres Körpers durch Missachtung einer schöpferischen Pause am Mittag ist ein grenzenloser Ideenreichtum in der Gestaltung einer heimlichen Siesta-Kultur am Arbeitsplatz. Büroschlaf, Vortrags- und Vorlesungsschlaf kennzeichnen die Mittagszeit, man kriecht sozusagen unter Tische und Sessel, versteckt sich in Schränken und nicht genutzten Abstellkammern, möbelt alte Operationsliegen wieder auf, wie in einer chirurgischen Universitätsklinik geschehen, obwohl man den ersten Oberarzt regelmäßig um diese Zeit bei hochwissenschaftlichen Arbeiten vermutete.

Sind wir doch lieber ehrlich und planen wir offiziell die schöpferische Mittagspause in Form eines RMT in den Tarifvertrag ein, und dabei geht es um die Gestaltung von zirka 15 Minuten Entspannungszeit, in der, wie erwähnt, entscheidende geistige und körperliche Ressourcen geweckt werden können.

Suche ein stilles Plätzchen am Arbeitsplatz auf, setz dich körperlich entspannt in einen bequemen Stuhl oder Sessel, schließe die Augen und repetiere. Konzentriere dich auf die Ein- und Ausatmung und neutralisiere deine Gedanken über ein Leitwort, das synchron zur Ein- und Ausatmung geschaltet wird, oder über repetitive Musik bzw. über eine visuell empfundene Schaukelbewegung. Mit ein bisschen Übung stellt sich auf diese Weise eine neue Kreativität im Kopf ein, auffallend ist ein regelrechter Gedankenreichtum, das unruhige Atemmuster der Brustatmung wechselt auf die beruhigende Bauchatmung und verspannte Muskeln und Gelenke werden locker und frei. Der Megaschlaf am Arbeitsplatz ist eine geschenkte Kraftquelle, die Gewinn bringt für den Tag.

Für diesen Megaschlaf ist die 15-Minuten-Terminierung von entscheidender Bedeutung, denn diese Zeit reicht aus, um einen neuen Kraftschub für den Resttag wiederzugewinnen. Es kann nach 15 Minuten durchaus passieren, dass man kurz einnickt, deshalb sollte man mit einem Wecker dafür sorgen, dass die Megaschlafzeit nicht überschritten wird. Als gute Weckhilfe eignet sich auch der Trick mit dem Schlüssel (siehe Seite 69 f.), der überall gut anzuwenden ist.

Jeder von uns kennt das ermüdende Gefühl, das sich für den Resttag am Wochenende einstellt, wenn man sich über Mittag zirka eine Stunde aufs Ohr gelegt hat. Ein derartiges Schlafverhalten bewirkt, dass der natürliche Biorhythmus vollständig durcheinander gerät und der Körper nicht über die notwendige Initialzündung verfügt, den Tagesnerv (Sympathikus) noch einmal für den Resttag auf Touren zu bringen, geschweige denn zur Hochform auflaufen zu lassen. Durch einen langen Mittagsschlaf kann man meist die noch verbleibenden Tagesstunden vergessen, weil Unlust und Antriebsarmut den Nachmittag und Abend bestimmen, sodass unsere Leistungskurve deutlich absinkt. Israelische Wissenschaftler fanden heraus, dass das Risiko einer Herz-Kreislauf-Erkrankung bei älteren Menschen nach einem Stundenmittagsschlaf wesentlich erhöht ist, weil die erneute Aktivierung nach einer derart langen Pause viel Energie benötigt und einer erneuten Stresssituation gleichkommt. Dieser Stress wird dadurch ausgelöst, weil der vegetative Schalthebel von der passiven auf die aktive Seite umzulegen ist. Deshalb: Wir sind gut beraten, das 15-Minuten-Zeitlimit für den Megaschlaf einzuhalten, denn auf diese Weise bleiben wir im natürlichen Biorhythmus und gewinnen in kurzer Zeit neue Kraft und schöpferische Energie zurück.

Bedeutende Menschen der Geschichte waren in der Regel Experten in der Gestaltung des Megaschlafs. Napoleon nutzte ihn ebenso zur schnellen Regeneration auf dem Rücken seines Pferdes wie seine Soldaten auf den langen Märschen in den fernen Weiten Russlands oder wie ein Bergsteiger in einer kurzen Zwangspause in der Bergwand.

Der Erstbesteiger H. Harrer berichtet: »Trockene Kleider, ein Mauerhaken, auf den man sich verlassen kann, und köstliche, lebenserweckende Getränke in einer schöpferischen Pause im Fels – das ist höchstes Glück in der Eigernordwand!«

Megaschlaf während der Pause auf der Autobahn

Ungefähr 40 Prozent aller Unfälle auf der Autobahn sind auf Übermüdung zurückzuführen – ein Reiserisiko, das nicht selten wie ein Blitz aus heiterem Himmel in Familien sowie in Firmen und Reiseunternehmen einschlägt. Enge Zeitpläne der Speditionen und eine ungebremste Reiselust vieler Zeitgenossen lassen die Verweildauer am Lenkrad unauffällig ansteigen, ein Übriges tun die steigenden Blechlawinen, enge Baustellen und damit verbundene endlose Staus, die bis zu 100 km anwachsen können.

Wer müde ist, macht Fehler und riskiert sein Leben im Auto.

Wie die alte Eisenbahn, so »singt« auch die Autobahn ihr monotones Lied, unterhalten von einem repetitiven Grundrhythmus, der ganz allmählich die Sinne trübt und jedem Fahrer seine helle Wachsamkeit raubt, sodass man auf diese Weise durchaus die Kontrolle über das Fahrzeug verlieren kann. Geradezu kriminell kann dieser Zustand werden, wenn mit dem schwindenden

Tageslicht der Serotoninspiegel im Gehirn abfällt, die konzentrierte Aufmerksamkeit leidet, weil mit beginnender Dunkelheit alle Körperregister des Menschen auf Regeneration umgeschaltet werden.

Das Öffnen der Fenster, kurze Gymnastikpausen, ermunternde Gespräche oder laute Musik können gegen die eintretende Schläfrigkeit am Lenkrad auf Dauer nichts ausrichten. Die Lösung des Problems bietet das RMT – mit eingebautem »Wecker«, und das funktioniert nach folgenden Regeln:

- Das Auto auf einen möglichst ruhigen Parkplatz bringen und innen verriegeln;
- schließe die Augen und entspanne den Körper auf dem Sitz;
- synchronisiere Atmung und Leitsatz oder leise repetitive Musik und schalte hierüber das willentliche Denken aus.

Bei dieser Megaschlaf-Praxis stellt sich in kurzer Zeit ein nachhaltiger Gewinn für Leistung und Gesundheit ein:

- Die Stressbelastung der Fahrt fällt wie ein »nasses Hemd« vom Körper, der Kopf wird wieder klar;
- Herzschlag und Atmung beruhigen sich nachhaltig;
- Muskeln und Gelenke entspannen sich und insbesondere der Rücken wird schmerzfrei.

Nach diesem erfolgreichen RMT am Lenkrad sind die psychischen und physischen Belastungen der gefahrenen Kilometer wie ausgelöscht, und über ein neues Körpergefühl gewinnt man den Eindruck, neu und unverbraucht im Auto durchzustarten. Der Megaschlaf ist der »weite Wind« für die moderne Reiselust.

Die viertelstündige Zeitbegrenzung ist eine Pausengestaltung, die sich keineswegs nachteilig auf die Gesamtfahrzeit niederschlägt, weil über die wiedergewonnene Körperfrische durch anschließendes zügiges Fahren die Pause schnell wieder ausgeglichen wird. Die 15-Minuten-Zeitbegrenzung erreichen wir durch Übung oder aber durch den so genannten »Zündschlüsselwecker«. Hierfür liegt eine Hand mit den Fingern über dem Sitzplatz und der Autoschlüssel hängt am Ringfinger. Bei Beginn der Meditationsphase entspannen sich die Muskeln und Sehnen der Finger, der Schlüssel fällt klirrend zu Boden und der erholsame Megaschlaf ist beendet.

6 POSITIVER ENERGIEFLOW ZWISCHEN DENKEN UND HANDELN

Das RMT macht unser Denken frei, schafft Raum für Kreativität durch die planvolle Ausblendung aller negativen Denkansätze und befreit uns von Sorgen und Ängsten. Erfolgreiches und selbstsicheres Handeln ist abhängig von einer leistungsorientierten Selbstsicherheit, die dem Artisten die notwendige Sicherheit gibt, um auf dem Seil erfolgreich bestehen zu können, denn in seiner schwierigen Mission kann jeder Fehltritt mit einer Katastrophe enden. Zielvolles Handeln setzt eine geordnete Synchronisation zwischen unseren geistigen und körperlichen Aktivitäten voraus, damit der Weg frei wird für Leistung, Gesundheit, Erfolg und Glück. Der Geist beherrscht den Körper und Erfolge im Leben stellen sich nur dann ein, wenn man aus ganzer Überzeugung hinter seinen Taten steht. Halbheiten auf den unterschiedlichen »Bühnen des Lebens« führen niemals zum Erfolg. Voraussetzung ist ein zielgerichteter Energiefluss unter Beteiligung aller geistigen und körperlichen Fähigkeiten, wobei unter Rückkoppelung der gesamten neuro-arthromuskulären Funktionseinheit (NAM) alle Informationen zielgerichtet ablaufen müssen, wenn man als Erster beim Hundertmeterlauf den Schlussspurt bestehen will.

Das RMT beseitigt Störfelder und schafft Harmonie zwischen Denken und Handeln.

Das zielgerichtete Rückkopplungssystem wird allein schon dadurch gestört, wenn bei 75 m ein Seitenblick auf den Mitkonkurrenten erfolgt, was dem Sportler den Sieg kosten kann. Eine positive Energieflussrate ist das Ergebnis einer verschmelzenden

Einheit zwischen Denken und Handeln, wobei alle Bewegungen in Harmonie zusammengeführt werden – der Musiker wird eins mit seinem Instrument und für den Athleten ist das Sportgerät ein integrierter Bestandteil seines Körpers.

Die Zentralisation des RMT beispielsweise vor dem Start ermöglicht die Konzentration auf das Wesentliche und koordiniert auf optimale Weise unseren Geist und Körper. Wir gehen völlig auf in unserer zielgerichteten Aktivität, sodass Zeit und Raum miteinander verschmelzen. Diese programmierte Aktivierungsenergie bindet die gesamte Aufmerksamkeit – der Betroffene vergisst alles um sich herum und die Stunden vergehen wie im Fluge. Diese positive Energieflussrate ist jedoch keine Automatik, zur Herstellung einer übereinstimmenden Harmonie zwischen Denken und Handeln kommt es darauf an, folgende Störfelder auszuräumen:

- Angst, Ablenkung, Müdigkeit und ein zu hoher Erwartungsdruck gehen mit Leistungseinbußen einher, können aber durch das RMT in zielgerichtete Konzentration verwandelt werden.
- Körperliche Störfelder tun sich auf, wenn der Bewegungsablauf nicht perfektioniert wurde, wenn die einzelnen Übungen nicht automatisch (extrapyramidal) abgespult werden können.
- Muskuläre Dysbalancen gilt es zu beseitigen, denn sie stellen Sauerstoff-Fallen für den Bewegungsapparat dar und behindern das harmonische Spiel ausgewogener Gelenkbewegungen.

Der Erfolg auf der Bühne und ein Spitzenplatz im Wettkampf auf der Bahn setzen die totale Harmonie zwischen Geist und Körper voraus und erst ein gleichmäßig fließender Atem schafft die Voraussetzung für eine optimale Energieflussrate.

85 Prozent aller Künstler und Sportler können ihre psychischen und physischen Möglichkeiten nicht umsetzen und ein wesentlicher Grund dafür liegt in der Angst vor dem Misserfolg.

Denn im entscheidenden Moment behindert eine nachhaltige Konzentrationsschwäche eine ausreichende Anpassung aller Körpersysteme an die erforderliche Situation. Im Sport spricht man von so genannten Trainingsweltmeistern, die ohne Wettkampfbelastung zwar sehr gute Leistungen bringen, aber in der Stresssituation des Wettkampfes immer wieder versagen. Voraussetzung für den endgültigen Erfolg ist eine mentale Stärke, die im entscheidenden Moment die Konzentration auf das Wesentliche bewirkt und für eine leistungssteigernde Ausgeglichenheit und Stressresistenz sorgt. Zur Stunde null müssen all unsere Gedanken die programmierte Bewegung initiieren.

Innere Monologe positiv führen. Selbstzweifel provozieren Misserfolge.

Voraussetzung hierfür ist eine hohe Konzentrationsfähigkeit, auch in einem lauten Stadium oder vor einem erregten Publikum, denn jede Form des Querdenkens ist in dieser Situation leistungsmindernd. Darum lassen beispielsweise viele Skirennläufer vor dem Start den gesamten Parcours noch einmal im Kopf Revue passieren, denn während des Rennens fehlt der entscheidende Augenblick, sich auf gefährliche Schikanen einzustellen. Förderlich vor jeder Leistungsexplosion sind auch so genannte Selbstgespräche, und je höher die Aufgabe ist, umso intensiver sollte dieser innere Monolog geführt werden

Schiffbrüchige geben immer zunächst psychisch auf und erst danach erschlaffen Muskeln und Gelenke. Vor jeder endgültigen Niederlage steht das negative Selbstgespräch in der Formulierung »Ich schaffe es nicht mehr«. Strategien des positiven Selbstgespräches dagegen sind individuelle Bestärkungsformeln, Ablenkung von Müdigkeit und die starke innere Überzeugungskraft »Du schaffst das Ziel«.

Dazu ein Beispiel: Zwei Frösche fallen in einen Eimer mit Milch. Der eine ist Pessimist, der andere Optimist. Ersterer führt ein negatives Selbstgespräch mit dem Inhalt »Es ist alles vorbei« und ertrinkt jämmerlich. Letzterer in seiner optimistischen Selbsteinschätzung »Du schaffst es« rudert unaufhörlich mit ganzer Kraft und sitzt schließlich auf der Butter.

Mentales Training ist die planmäßige gedankliche Vorstellung einer Handlung, ohne sie real auf der körperlichen Ebene umzusetzen. Bewegungsabläufe kann man auf diese Weise durch gedankliches Training optimieren. Arthur Rubinstein war ein überaus erfolgreicher Pianist, der vor seinen Konzerten bevorzugt mental übte, selbst auf langen Flügen nach Südamerika bereitete er seine Klavierkonzerte auf diese Weise vor. Schwierige Passagen auf der Geige kann man durchaus mental im Kopf durchprobieren, ohne gleichzeitig durch intensive Greifvorgänge das Bewegungssystem der Arme und Hände zu überfordern.

Wie wir denken, so handeln wir.

Im Tennis können die erfolgreichen Spieler auch in der Pause am besten entspannen und sich so optimal auf den nächsten Ballwechsel einstellen. In dieser Situation demonstrieren sie eine überaus positive Grundhaltung, auch wenn der letzte Ballwechsel nicht erfolgreich abgelaufen ist. Denn negative Gedanken und destruktive Emotionen haben auch lähmende körperliche Konsequenzen zur Folge. Die Folge ist ein negativer Energieflow, weil Angst und Beklemmung zu einer allgemeinen Anspannung führen, verbunden mit einem hohen Pulsschlag und verstärkter Unsicherheit. Der ehemalige Olympiasieger Bernhard Russi aus der Schweiz kommentierte einen durch Nebel und Wind verschobenen Start zum Abfahrtslauf bei der Skiweltmeisterschaft in St. Anton/Österreich 2001 mit den Worten, dass ein Rennläufer sehr viel Energie dadurch verlieren würde, wenn durch die Aufregung in der Vorbereitungsphase der Puls über längere Zeit extrem hochgehalten würde.

Auf dem Weg zum Erfolg hilft das RMT, Stress positiv zu nutzen, damit die Energie zielgerichtet vom Kopf zu den Erfolgsorganen fließen kann. Vorbildlich in dieser Hinsicht sind die Perlentaucher in Ostasien, die in ihrer überaus gefährlichen Arbeit auch ohne Tauchhilfen lange unter Wasser bleiben können. Unmittelbar vor dem Start gehen sie in die tiefe Entspannungshocke und konzentrieren sich mit geschlossenen Augen ganz auf ihr Seeabenteuer. Zwanghafte Aktivitäten vor dieser Höchstleistung wären völlig unangebracht, denn vor dieser Leistungsexplosion kommt es auf eine intensive Konzentration an.

Alle Handlungen in unserem Leben unterliegen unserer subjektiven Steuerung, und die Rückwirkung auf Leistung und Gesundheit ist immer dann überaus positiv, wenn wir von diesen Tätigkeiten voll überzeugt sind, wenn wir etwas aus ganzem Herzen tun.

In diesem Zusammenhang ließ ein Tierversuch über Bewegungstraining aufhorchen. Eine Gruppe wurde unter Zwang zu Lauftraining angehalten, während die zweite freiwillig und somit rein spielerisch ihrer zielgerechten Bewegung frönte. In der ersten Gruppe blieb die Situation im Immunsystem unverändert, während die Fun-Gruppe mit einem deutlichen Anstieg aller Zellen des Immunsystems antwortete.

Dies gilt auch für das RMT: Erfolgt seine praktische Umsetzung aktiv mit voller Überzeugung, so ist es überaus gesundheitsfördernd und leistungssteigernd – wir haben »fun«. Besteht dagegen eine dauernde Blockierung zwischen Denken und Handeln, können auch repetitive Vorgänge nichts bewirken, sodass auf lange Sicht eine starke Beeinträchtigung des Immunsystems zu befürchten ist.

Geradezu lebensbedrohlich kann die Lage jedoch werden, wenn Repetitives bewusst zwanghaft durchgeführt wird, wie es beispielsweise bei Foltermethoden in Form unaufhörlich fallender Wassertropfen auf die Stirn des Gefangenen geschieht. Und aus Krisenzeiten kennt man jene Notsituationen, in denen Menschen gewaltsam von ihren Nahrungsquellen abgeschnitten werden. Hungern als erzwungene Maßnahme wird in der Regel von Menschen nur maximal zwei Wochen durchgehalten, weil der innere Protest so stark ist, dass damit der Zusammenbruch des gesamten Immunsystems einhergeht. Fastet man dagegen aus innerster Überzeugung, so kann diese Entsagung bis zu vier Wochen durchgestanden werden, weil über das positive Selbstgespräch alle inneren Ressourcen mobilisiert werden.

Eine positive Synchronisation zwischen Denken und Handeln ist auch unverzichtbar für die Arbeit des Menschen. Wird eine

Aufgabe freiwillig und mit Freude verrichtet, bringt man also ein Optimum an Aktivierungsenergie mit hinein, so wirkt sie lebensverlängernd, verbunden mit einem hohen Maß an Leistung und Gesundheit bis ins hohe Alter. Jede Form eines übermäßigen Arbeitsdrucks geht jedoch einher mit einem allgemeinen Unlustgefühl, und unter Protest bleibt nicht nur der Erfolg auf der Strecke. Arbeit unter ständigen Stressbedingungen ist ein hoher Risikofaktor für Gesundheit und Leistung eines jeden. Der in Amerika lebende Ungar Mihal Csikszentmihalyi prägte den Begriff des fördernden »Flow-Effekts«, der sich auch dann entfalten kann, wenn selbst unter schlechten Arbeitsbedingungen nach einer optimalen Lösung gesucht wird und wenn die Betroffenen das Beste aus der aktuellen Misere machen. Denn es bringt auf Dauer kaum Gewinn, ständig mit dem Kopf gegen eine Betonwand anzurennen.

Aus der Praxis für die Praxis

Erlebnissteigerung im Konzert

Jede Veranstaltung lebt von dem verbindenden Dialog zwischen dem Orchester in seiner aktiven Rolle einerseits und der passiven Aufnahmebereitschaft eines möglichst aufmerksamen, stillen Publikums andererseits. In diesem Wechselspiel zwischen Geben und Nehmen geht es um den zündenden Funken, der überspringt, wenn insbesondere die Zuschauer als die Beschenkten der Veranstaltung ihre gesamte Konzentration dem Geschehen auf der Bühne widmen.

Nun hat jeder von uns schon erfahren, dass in dieser künstlerischen Atmosphäre »Gewitterwolken« aufziehen können – gemeint sind Störfaktoren, die den allgemeinen Hörgenuss erheblich behindern bzw. einschränken können. Da hustet es rechts und links im Sessel, ein leises Räuspern des Nachbarn macht sich störend bemerkbar und von der Balkonbrüstung tönt ein scharrendes Fußgeräusch herunter.

Jedes Publikum verursacht seinen typischen Geräuschpegel, der unterschiedlich stark ausfällt und nicht nur das passive Zuhören, sondern auch das Musizieren auf der Bühne stört. Bei einem Konzert in New York riss dem Dirigenten Kurt Masur schließlich der Geduldsfaden, er unterbrach das Programm und forderte von seinen nervösen Zuhörern die gleiche Konzentration, wie sie auch von seinen Musikern erbracht werden musste. Nach dieser »Dirigentenschelte« stellte sich absolute Stille ein und das Konzert konnte zur Zufriedenheit aller mit vollem Erfolg zum Abschluss geführt werden.

Eine Ermahnung zur rechten Zeit kann ohne weiteres störende Begleitgeräusche in einem Konzertsaal eliminieren, den gleichen Effekt aber kann jeder für sich mit dem RMT erzielen. In seiner einfachen Umsetzung bewirkt die Konzentrationsübung einen Rückzug in den schon vielfach erwähnten »imaginären Uterus«, sodass die unmittelbare Umgebung, in diesem Falle der direkte Nachbar im Publikum, auf eine schützende Distanz gebracht werden kann. Die Folge dieser Konzentrationsübung ist eine regelrechte Kanalisierung der eigenen Gedankenwelt, sodass der Eindruck entstehen kann, dass die Orchesteraufführung nur für die eigene Person inszeniert worden wäre! Auf diese Weise wird der gesamte Orchesterklang zu einem echten Hörgenuss, weil die sensiblen Empfangsantennen zielgerichtet auf die Bühne ausgerichtet sind nach dem Motto:

- Entspanne dich auf deinem Sessel;
- synchronisiere dein repetitives Atemmuster mit den unterschiedlichen Klangbildern des Orchesters.

Das Ergebnis des RMT während einer Orchesteraufführung ist eine deutlich verbesserte Erholungs- und Entspannungswirkung, die mit einem gesteigerten Musikempfinden verbunden ist, weil abweichende Gedanken eliminiert werden und das umgebende

Publikum mit seinen Eigengeräuschen in weite Ferne rückt. Rundum gestärkt und erfrischt verlässt man eine derartige Darbietung, und noch Stunden und Tage danach registriert man den deutlichen Gewinn für Körper, Seele und Geist!

7 WIE DAS RMT WIRKT

Stress braucht der Mensch, allerdings in optimaler Form und richtiger Dosierung, das klang am Anfang des Buches schon einmal an. Stress ist die Initialzündung auf Aktivität und Bewegung, und die Kehrseite dieser Medaille lautet Beruhigung, Entspannung, Meditation. Stress auf der einen Seite und Meditation auf der anderen sind also die bipolaren Ausrichtungen einer Schwingungskurve, deren Wirkung in unserem Organismus zu völlig unterschiedlichen Ergebnissen kommt. Unter Stresseinfluss sind alle Register im Körper auf Leistung geschaltet. Herz und Lunge arbeiten auf höchstem Niveau, damit genügend Sauerstoff und Energie an die Muskulatur als den peripheren Bewegungsmotor gelangen. Total konträr ist die Situation im Stadium der Meditation und Entspannung: Die Leistungsaggregate Herz, Lunge und Muskulatur sind heruntergeschaltet und die Versorgungsorgane Magen, Darm und Nieren sorgen für Nachschub und Regeneration.

Diese wechselvollen Schaltkreise unterliegen unterschiedlichen Regelmechanismen. Während der Kampf-Flucht-Reflex als Antwort auf Stress automatisch geschaltet wird und unmittelbar nach dem Reiz initiiert wird, fehlt dieser Reflexboden jedoch auf der Entspannungsseite. Das bedeutet: Entspannung und Meditation als notwendiger Ausgleich auf Stress müssen vom Betroffenen bewusst gesteuert und programmiert werden, treten aber nicht unmittelbar in Kraft. Grundsätzlich sollte man wissen, dass die wechselvolle Reaktionslage des menschlichen Körpers unter Stress oder Meditation einer selbstständigen, autonomen Nervensteuerung unterliegt. Man spricht auch vom vegetativen Nervensystem und meint einerseits den *Sympathikus* als den Flucht- und Kampfnerv und andererseits den Entspannungs- und Beruhigungsnerv, den *Parasympathikus* oder *Vagus*.

Stressregie führt der Sympathikus. Meditationsregie führt der Parasympathikus.

Schon der regelmäßige Ablauf unserer Körperfunktionen analog zum Tag-und-Nacht-Rhythmus unterliegt der Einflussnahme des Sympathikus und andererseits des Parasympathikus. Ersterer steuert die Aktivitätsphasen am Tag, Letzterer schaltet alle Laternen während der Nachtruhe aus. Dieser gesund erhaltende Lebensrhythmus funktioniert so lange ohne Störungen, wie in regelmäßiger Folge Phasen der Anspannung von entsprechenden Zeiten der Ruhe und Erholung abgelöst werden.

Frühere Lebensbedingungen sorgten aufgrund ihrer naturgegebenen Strukturen dafür, dass nach der Aktivierung des Kampf-Flucht-Reflexes im Überlebenskampf gegen Bären, Hoch-

wasser, Lawinen und andere Gefahren die Stressreaktionen unmittelbar durch Aktivierung des gesamten Bewegungssystems kompensiert wurden (siehe auch Kap. 2, Seite 31 f.). Mit dem Bären konnte man sich entweder im direkten Kampf messen oder, wenn die eigenen Qualitäten nicht ausreichten, das Heil in der Flucht suchen. In dieser unmittelbaren Konfrontationsphase gab es genügend Betätigungsfelder, in denen die hochaktiven Muskeln die provozierten Stresshormone verbrennen konnten. War man erst einmal den lebensbedrohenden Gefahren entronnen, so blieb noch viel Zeit für den Rückzug in die schützende Hütte – Zeit meditativer Szenarien, über die das aufgewühlte Innenleben durch die beruhigende Wirkung einer sanften Brandung am Meer, eines wogenden Kornfeldes oder eines unvergesslichen Sonnenunterganges wieder heruntergefahren werden konnte.

Das RMT ist der Rettungsanker gegen Stress von innen und außen.

In unserer lauten und schnelllebigen Welt sind die natürlichen Fluchtkorridore durch die ständige Präsenz von Maschine, Motor und Computer in Stresskorridore verlegt worden, sodass zum einen die automatische Zündung des Kampf-Flucht-Reflexes nicht mehr durch Ausgleichsbewegung möglich ist und zum

anderen die Muße fehlt, in der Rushhour am Lenkrad des Autos meditative Stimmungsbilder der Natur registrieren zu können. Also ist die gesamte Aufmerksamkeit auf Vorgänge gerichtet, die mehr oder weniger stark ein latentes Stressniveau aufrechterhalten. Der innere Antriebsmotor überdreht permanent, sodass es für die Beteiligten immer schwieriger wird, sich aus diesem fehlerhaften Kreislauf auszuklinken, weil man mehr und mehr verlernt hat, Ruhe und Stille auszuhalten.

Der menschliche Organismus befindet sich in einem ständigen Wechselbad zwischen heiß und kalt, und in diesem Auf und Ab der Gefühle leuchten am Tag alle Lampen, abgelöst von der Dimmereinstellung in der Nacht. Dieser permanente Tag-Nacht-Rhythmus, ergänzt von unterschiedlichen Anspannungs- und Entspannungszyklen steht unter der Leitung des autonomen vegetativen Nervensystems, das wie die Steuerung eines Pferdegespanns über zwei Leinen funktioniert: Korrigiert man den Zug an der einen Seite, so geht die Fahrt in die entsprechende Richtung, und umgekehrt gehorcht der Zug der Gegenseite dieser neuen Position. Nach den gleichen Regeln funktionieren auch die »Zugleinen« des Sympathikus (Kampfnerv) sowie des Gegenspielers, des Parasympathikus (Beruhigungsnerv):

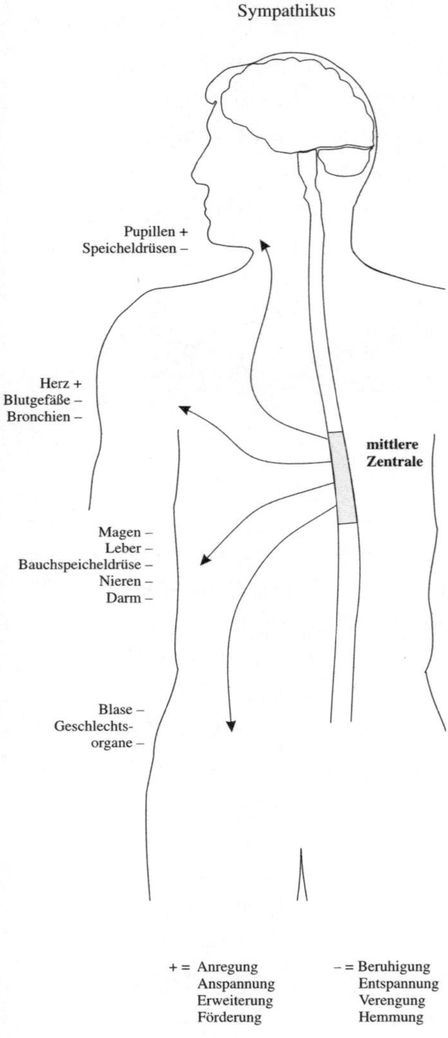

- Der Sympathikus ist unser Kämpfer, unter seiner Leitung wird der Gesamt-Organismus auf Leistung, Anspannung und Energieverbrauch programmiert.
- In Stresssituationen nimmt z.B. der Blutbedarf in der arbeitenden Muskulatur um 300 bis 400 Prozent zu.
- Der Parasympathikus ist unser Versorger, unser Beruhigungsnerv. Unter seiner Leitung herrschen Ruhe und Entspannung vor und die eingeleitete Aufbauphase ermöglicht den Wiederaufbau der Energiedepots, die durch Leistungsstress aufgebraucht wurden. Der Parasympathikus schraubt den Sauerstoffbedarf im Körper deutlich nach unten und ermöglicht unwillkürlich eine optimale Versorgung des gesamten Organismus mit diesem so wichtigen Energieträger.

Über den Sympathikus werden durch die höhere Drehzahl des Herzens vermehrt Sauerstoff und Energie in die Versorgungsleitungen des Körpers gepumpt. Damit verbunden sind eine forcierte Atmung, ein erhöhter Blutdruck sowie eine beschleunigte Pulszahl, und die gesamte Muskulatur wird in eine erhöhte Erwartungsspannung versetzt. Allgemein ausgedrückt kann man sagen, dass die großen Zentren oberhalb des Zwerchfells auf Hoch-

Parasympathikus

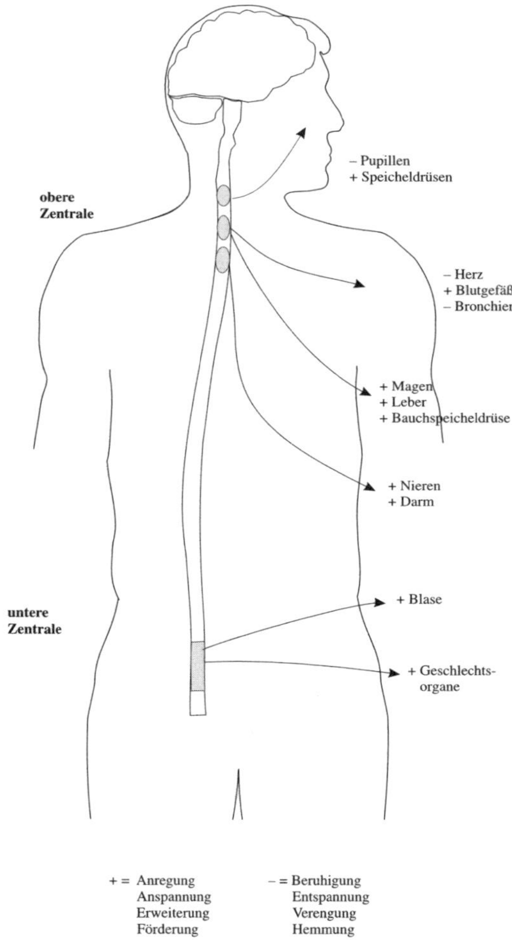

touren arbeiten, während für den Bauchraum unterhalb des Zwerchfells die große Pause angesagt ist, weil der gesamte Verdauungstrakt nun für Kampf- und Fluchtreaktionen im Moment nicht benötigt wird.

Im Gegensatz zum Sympathikus bewirkt der Zug an der »Parasympathikusleine« den Marsch in die Gegenrichtung. Für Organe unterhalb des Zwerchfells ist Mehrarbeit angesagt und die reparativen Vorgänge für Magen-Darm-Trakt, Leber, Nieren, Blase und Geschlechtsorgane werden gefördert. Oberhalb des Zwerchfells herrschen Ruhe und Entspannung vor. Das Herz-Kreislauf-System legt einen Schongang ein, das Herz schlägt langsamer, der Blutdruck fällt ab, die Atmung beruhigt sich, die Muskulatur entspannt sich, die Gehirnwellen verlaufen verlangsamt.
Unter der Sympathikusleitung ist unser Gehirn hochaktiv, im Gehirn herrschen die Betawellen vor, die unser Tages- oder Wachbewusstsein bestimmen und zwischen 15 und 30 Hertz liegen. In dieser Aktivitätsstufe wird unser Bewusstsein vom Willen gesteu-

ert und die Denkvorgänge laufen zielorientiert. Steigt in dieser Situation der Stresspegel kontinuierlich an, so ist es oft schwierig, in einer Flut von Informationen klare Gedanken zu fassen.

Für Ordnung und Ruhe im Gehirn sorgt dagegen der Parasympathikus. Er bewirkt einen regelrechten Kreativitätsschub, die Erregungswellen kommen zur Ruhe und liegen unter 15 Hertz. Aus einer sturmgepeitschten Brandung kommen wir quasi in ruhige Gewässer.

Den ersten Sturm in seiner irdischen Existenz erlebt der Mensch mit dem Eintritt der Geburtswehen, wenn urplötzlich die schützenden Wände der Gebärmutter in erdbebenartige Erregungen geraten, wenn Chaos die bisherige Phase der Ruhe und Entspannung im Mutterleib ablöst. Die Rundumversorgung des werdenden Menschen im Mutterleib stand bis dahin unter der Leitung des Parasympathikus, der die aufbauenden und ständig wachsenden Prozesse kontrollierte. Nur gelegentlich wurde diese Phase der Ruhe und Entspannung durch situationsbedingte Stresseinflüsse der Mutter unterbrochen, wenn zum Beispiel die Alarmsirene eines Krankenwagens vom Baby mit dem verstärkten Strampeln der Arme und Beine gegen die Bauchwand beantwortet wurde. Mit den Geburtswehen und spätestens seit Beginn der Austreibungsperiode ist es mit der Parasympathikusruhe nun endgültig vorbei – angesagt ist Stress pur, kombiniert mit einer »Sympathikuskanonade«, die von jedem Neugeborenen nach Luft ringend beantwortet wird über zwei Ausdrucksformen:

Schrei nach Luft – Schrei nach Existenz.

In einer Welt voller Anforderungen, Leistung und Stress ist es deshalb mehr denn je nötig, wiederholt das »schützende Dach« des Parasympathikus aufzusuchen. Der Schlüssel dieser vegetativen Konstellation ist das RMT, das uns bereits von der Mutter im »pränatalen Schulzimmer« beigebracht und vermittelt wurde (siehe Seite 19 ff.). Repetitive Schwingungsstrukturen sind es, die eine regelrechte Meditationsinduktion bewirken, und unter Leitung des Parasympathikus wird hierüber jede Stressspannung von Ruhe und Entspannung abgelöst.

Ohne größere Belastung ermöglicht ein ruhiger Nachtschlaf nach der Arbeitsbelastung des Tages den notwendigen Ausgleich und den Aufbau verloren gegangener Reserven. Nach stressreichen Tagen ist eine umfassende Regeneration vielfach durch den gewöhnlichen Nachtschlaf jedoch nicht wiederzuerlangen, weil eine umfassende Parasympathikus-Aktivität hierdurch nicht erreicht wird. Die erholsame Wirkung des Nachtschlafs kann allerdings durch das RMT deutlich verstärkt werden, wenn kurze Schlafunterbrechungen oder vor Beginn der Nachtruhe sowie früh am Morgen nach dem Erwachen Meditationseinheiten eingebaut werden (siehe auch Seite 42 ff.).

Für mich selbst tat sich eine völlig neue Welt auf, seitdem ich meine bisherigen Entspannungstechniken wie Ausdauertraining und Intensivstretching mit dem RMT kombiniert habe. Körperlich und geistig vom Tag ermüdet, brachte mir bisher der Nachtschlaf zwar die notwendigen Reserven nach der Belastung zurück, aber nicht in der Fülle wie in der Kombination mit RMT. Nach dem morgendlichen Erwachen verbleiben mir gewöhnlich noch 15 bis 30 Minuten, die ich seitdem mit meinem individuell angefärbten Entspannungsprogramm verbringe, das heißt, ich konzentriere mich auf die wechselnde Ein- und Ausatmung und synchronisiere sie mit meinem Leitsatz. Seitdem beginnt jeder Morgen für mich mit einem regelrechten Erlebnis, ich bin voller Energie in erwartungsvoller Entspannung, die der gewöhnliche Nachtschlaf mir bisher nicht vermitteln konnte:

- Herz und Lunge arbeiten synchron und lassen mich eine Entspannung spüren, die tief aus dem Innern kommt, und ich spüre, wie der Sauerstoff wie Sekt durch die Adern perlt.
- Vergessen ist jeglicher Rückenstress, denn die entspannte Rückenmuskulatur profitiert von dieser »automatischen Massage«.
- Immer wieder überrascht bin ich von einem neuen freien Denken in Form einer Kreativitätssteigerung, die in der Vorstellung neuer Bilder, Ideen und »geistiger Abenteuer« gipfelt.

Die Parasympathikuswirkung ist Balsam für Herz, Lunge und Gehirn nach erfolgter Leistung, darüber hinaus aber auch ein Labsal für den gesamten Verdauungstrakt, wie medizinische Studien beweisen. Stress ist nicht nur eine Barriere für unsere Herzkranzgefäße sondern ebenso für die Magen-Darm-Passage. In dieser Beziehung macht der Parasympathikus den Weg wieder frei, sodass der tägliche Weg zur Toilette nicht über den Umweg der Apotheke erreicht werden muss.

Der Parasympathikus ist der Schlüssel zur Meditation und repetitive Strukturen machen seine Anwendung so einfach. In einem Drei-Stufen-Plan kann sich diese Antistresswirkung im Körper mitteilen, wie folgt:

1. Gelöste Entspannung: mit Alphawellen im Gehirn zwischen 7 und 15 Hertz.
2. Meditation: mit Thetawellen zwischen 4 und 7 Hertz.
3. Tiefe Meditation, Trance, Anästhesie: mit Deltawellen zwischen 0 und 4 Hertz.

Meditation unter Parasympathikusstimulation bewirkt im Organismus:

- Beruhigung der Erregungskurve im Gehirn.
- Vertiefung und Beruhigung der Atmung mit gleichzeitiger Verbesserung der Ausnutzungsrate für Sauerstoff. (Ein Nichttrainierter kann von den 21 Volumenprozent Sauerstoff aus der Atmosphäre pro Atemzug nur 3 Prozent entnehmen. Über Ausdauer- und Meditationstraining kann diese Ausnutzungsrate auf 5 bis 6 Prozent verdoppelt werden, wobei Leistung und Gesundheit nachhaltig gefördert werden.)
- Ökonomisierung der Herzarbeit mit Absenken der Herzfrequenz und des Blutdrucks, was das Risiko eines Herzinfarkts oder Schlaganfalls verringert.
- Entspannungswirkung auf die quer gestreifte Muskulatur und in der Kombination mit Intensivstretching eine exzellente präventivmedizinische Maßnahme gegen schmerzhafte Muskel- und Gelenkverspannungen.

Der Zugang zur Sympathikusschaltung ist einfach und erfolgt automatisch über eine Reflexschaltung nach dem Stress. Der Hebel zum Parasympathikus liegt im Verborgenen, wenn man seine gesamte Wirkungsbreite erfahren will. Selbstverständlich ermöglicht die tägliche Nachtruhe eine Aktivierung des Entspannungsnervs, ohne dass jedoch hierdurch die gesamte Wirkungsbreite erlebt werden kann. Die Aktivierung des Parasympathikus geschieht über den erwähnten Drei-Stufen-Plan.

- Über die tägliche Nachtruhe erfolgt die Umschaltung des Sympathikus auf den Parasympathikus.
- Mit dem RMT erreichen wir eine Sofortwirkung auf den Parasympathikus nach 15 Minuten.
- Ausdauertraining bewirkt erst über ein 6-Wochen-Programm eine Stimulation des Parasympathikus, die durch die Absenkung von Blutdruck und Ruhepuls zu erkennen ist. Diese Entspannungswirkung wird aber nur dadurch ermöglicht, wenn mindestens viermal pro Woche über mindestens 30 Minuten im gemäßigten Ausdauerbereich trainiert wird.

Eine regelrechte Superentspannung auf den Gesamtorganismus mit einer exzellenten Präventionswirkung auf den gesamten Herz-Kreislauf-Sektor wird jedoch ermöglicht, wenn man Ausdauertraining und das RMT miteinander verbindet.

Der Einstieg ins RMT ist leicht und führt, wie schon erwähnt, über die körperliche und geistige Konzentration zur Wiedererlangung von Ruhe und Entspannung, dabei helfen rhythmische Strukturen mit typischem Wiederholungscharakter.

Um in der Meditation auf den Punkt (Fokussierung) zu kommen, stehen zwei Leitschienen zur Verfügung, an denen man sich wie an einer Hängebrücke entlanghangeln kann, um an das ersehnte Ziel zu kommen:

- Die körperliche Leitschiene konzentriert den Lungen- und Herzrhythmus in der Körpermitte, und die Richtschnur dorthin wird über die wechselnde Ein- und Ausatmung geschaltet. Das eigentliche Meditationsziel ist die harmonische Synchronisation zwischen der Lungen- und Herzarbeit, die in einer wiedergewonnenen inneren Stärke gipfelt.

- Die geistige Leitschiene beginnt mit dem Leitsatz, der lautlos im Inneren bewegt wird und zum Ziel hat, alle abschweifenden Gedanken auf den Punkt zu bringen, um auf diese Weise einem neuen und konstruktiven Denken Platz zu machen. »Die Gedanken sind frei«, das war und ist der Wunschtraum der Menschen zu allen Zeiten. Gedanken können sich aber nur dann frei entfalten, wenn unsere Gehirnströme in »ruhiges Fahrwasser« gelangen und wenn unser Denken nicht mehr negativ von Sorgen und Ängsten überlagert wird.

»Mut zur Meditation« lautet die Devise, denn sie ist uns angeboren und somit leicht verfügbar – ein Schatz, der uns Selbstvertrauen, innere Sicherheit und eine neue Form der Gesundheitsförderung garantiert, ein Labsal für Körper, Seele und Geist.

Aus der Praxis für die Praxis

Flugangstbewältigung

Sorgen und Ängste schränken den Handlungsbedarf des Menschen entscheidend ein. Eine allgemeine Unsicherheit macht sich breit, und häufig fällt es einem schwer, in einer belasteten Situation noch einen klaren Gedanken zu fassen. Angstvoll verharrt der Betroffene in einem tiefen Schattenloch und aufmunternde Ratschläge treffen in der Regel auf taube Ohren. In einer depressiven Stimmungslage bleibt das Sonnenlicht in weiter Ferne und Hilfe von außen kann nur dann wahrgenommen werden, wenn man sich zu dem anderen in dessen Schattendasein hineinbegibt und ihn regelrecht an die Hand nimmt.

Ähnlich verhält es sich mit der Flugangst, denn gut gemeinte Tipps werden in einer derartigen Situation kaum wahrgenommen. So erging es auch einer jungen Architektin auf einem Fernflug, die nur durch die Verabreichung stark wirksamer Tranquilizer einigermaßen beruhigt werden konnte. Gutes Zureden und jede Form der Zuwendung hatten in diesem Falle keinen Erfolg, denn immer dann, wenn auch nur die geringste Störung an Bord in Form von Turbulenzen, Durchsagen des Flugkapitäns etc. auftrat, geriet sie erneut in Panik und glaubte, jederzeit den Absturz kommen zu sehen.

Das RMT ist der Schlüssel zur erfolgreichen Beherrschung der Flugangst. Auf einem Flug nach Teneriffa hatte ich meine Kopfhörer zum Abspielen beruhigender Musik vergessen, denn trotz langer Reiseerfahrung kann ich mich in der Start- und Landephase einer gewissen inneren Erregung nicht erwehren. Angeschnallt im Sessel, begann ich bei geschlossenen Augen sofort mit meinen Repetitionsübungen und konzentrierte mich auf den Synchronisationsvorgang von Atmung und Leitsatz. Bis zum endgültigen »take off« vergingen ungefähr 15 Minuten. In dieser Zeit hatte sich bereits die vertiefte Bauchatmung eingestellt und das befürchtete Herzklopfen war unter Kontrolle. Blutdruck und Puls senkten sich auf meditative Werte ab und im Kopf machte sich ein schwebendes, entspannendes Glücksgefühl breit.

In dieser Superentspannung vergingen die Flugstunden in einem regelrechten Hochgefühl, das auch nicht durch den regelmäßigen Service der Stewardess unterbrochen werden konnte. Immer noch in meditativer Entspannung, schwebte ich in Teneriffa-Süd ein und startete unmittelbar mit einem anstrengenden Seminarprogramm, aufgetankt mit neuen Kräften während der Flugzeit und verstärkt durch einen regelrechten Kreativitätsschub im Kopf.

Die zentrale Stellung der Atmung

Immer wieder geraten wir in Lebenssituationen, die uns regelrecht den Atem nehmen. Es verschlägt uns die Sprache beim Anblick einer gefährlichen Crash-Situation im Straßenverkehr, bei der verbalen Attacke eines aufgeregten Mitarbeiters oder beim

Ausblick von einer Kirchturmspitze in schwindelnder Höhe. Stressbedingte Sauerstoffkrisen sind es, die den Energiestrom zu allen Körperzellen regelrecht blockieren, wobei dieser Versorgungsnotstand mit erheblichen Risiken für Leistung und Gesundheit verbunden ist.

Über Kurzatmigkeit gerät das Atemsystem aber auch ins Stocken bei unterschiedlichen Formen körperlicher Erschöpfung, wenn also zum Beispiel eine ehrgeizige Zielvorstellung beim Laufen oder bei anderen körperlichen Belastungen nicht der Leistungsfähigkeit von Herz, Muskeln und Gelenken entspricht, wenn wir aus Zeitmangel das Hindernis einer Treppe zu schnell überwinden wollen und frustriert im zweiten Stockwerk stehen bleiben müssen, weil die hechelnde Atmung dem schnellen Beinrhythmus nicht mehr folgen kann. Der Atemrhythmus reagiert demzufolge überaus sensibel auf die Konfrontationen des Körpers mit seiner Umgebung, und schnelle Frequenzen werden durch tiefe, regelmäßige abgelöst, wenn Entspannung und Erholung nach der Belastung folgen.

Stress ist ein Sauerstoffkiller für alle Körperzellen.

Im Gegensatz zum Automatismus unseres Herzens unterliegt das Atmungssystem jedoch einer zweifachen Steuerung: Wie das Herz arbeitet auch unsere Lunge unabhängig von unserem Willen und passt sich automatisch während der Nachtruhe einer entspannenden Taktfolge an. Unterschiedlich zum Herz-Kreislauf-System ist der Mensch jedoch auch jederzeit in der Lage, seine Atmung willentlich zu beeinflussen, jederzeit bewusst zu beschleunigen und zu verlangsamen und auch auf Befehl, zum Beispiel vor einem Tauchvorgang, zu stoppen.

Wenn man so will, ist die Atmung der Inbegriff unseres Lebens, denn bei der Geburt ist der erste Schrei des Neugeborenen die Antwort auf den Lebensstress nach einer Phase der monatelangen Rundumversorgung in mütterlicher Obhut. In Extremsituationen gibt es Durchhalteparolen, die »bis zum letzten Atemzug« reichen sollen. Die Atmung ist ein durch und durch bevorzugt gesteuerter Vorgang, durch den wir uns jederzeit unserer

Existenz bewusst sind. Der Herzschlag dagegen verläuft selbstständig und unabhängig von unserer direkten Steuerung und wird uns nur dann »schlagkräftig« vor Augen geführt, wenn nach einem schnellen Lauf oder während einer Stresssituation das Herz bis zum Halse klopft.

Die Atmung in der Meditation ist der zentrale körperliche Kristallisationspunkt, über den Kopf und Herz miteinander verbunden werden. Grundsätzlich kann man zwischen einer seitlichen Brustatmung und einer unteren Bauchatmung unterscheiden und alle Belastungsphasen im Leben sind gekennzeichnet durch den intensiven Einsatz der seitlichen Flanken. Im Erkrankungsfall kann diese körperliche Erregung so weit gehen, dass es bei einer Lungenentzündung zu einem Vibrieren der Nasenflügel, gekennzeichnet als Nasenflügelatmung, kommen kann und die Frequenz auf 40 je Minute ansteigt. Zur Aufrechterhaltung der seitlichen und oberen Brustatmung ist in jedem Falle ein größerer Krafteinsatz der Atemmuskulatur erforderlich, wie das für jede körperliche und seelische Stresssituation typisch ist. Auch bei einem scharfen Ritt auf einem Pferd spürt der Reiter die hohe Aktivität der Pferdelunge durch den seitlichen Druck an seinen Beinen.

Kurzatmigkeit ist somit geradezu typisch für den Zustand intensiver körperlicher Belastung und endet ohne Limit im Zustand der endgültigen Erschöpfung. Im Ausdauerbereich ist Kurzatmigkeit negativ, weil die Verweildauer des eingeatmeten Sauerstoffs in den Lungenbläschen abgekürzt ist, sodass in der Zeiteinheit nicht genügend Sauerstoff über den kleinen Kreislauf dem Herzen zugeführt werden kann. Nur mit einem tiefen und langen Atem ist der Mensch in der Lage, selbst gesteckte Zielvorstellungen zu erreichen und erfolgreich abzuschließen.

Nur wer tief atmen kann, hat den Mut und die Kraft eines Löwen, lautet eine alte Weisheit.

Unterhalten wird die Brustatmung von den Zwischenrippenmuskeln, unterstützt bei intensiven Belastungsphasen durch seitliche Halsmuskeln, die ebenfalls in der Lage sind, am Heben der Rippen beteiligt zu werden. Die seitliche und obere Brustatmung ist also gekennzeichnet vom Zustand unterschiedlicher Stressbelastungen, da das Heben und Senken der Brustwand einen hohen Sauerstoff- und Energieschub voraussetzt. Im Gegensatz hierzu wirkt die untere Bauchatmung geradezu beruhigend, ausgelöst durch das Heben und Senken des Zwerchfells, das den Brustraum vom Bauchraum trennt. Dieser »Blasebalg« im Zentrum unseres Körpers ist aber ebenso wie die Brustatmung unterschiedlich ansprechbar: Bei oberflächlicher bzw. betonter Brustatmung dümpelt dieses Zwerchfell nur zwischen zwei bis drei Zentimetern auf und ab, wie das insbesondere bei der heutigen Sitzarbeit der Fall ist. In der tiefen und regelmäßigen Atmung unter besonderer Berücksichtigung der Zwerchfellleistung kann jedoch diese Kraftwerkleistung auf acht bis zehn cm gesteigert werden. Eine intensive Bauchatmung geht mit einer hohen Zwerchfellaktivität einher, und das wiederum hat eine überaus fördernde gesundheitliche Wirkung auf die benachbarten Organe, die direkt dem Zwerchfell anliegen:

- direkte mechanische Reizung des Herzens, das unmittelbar auf der linken Zwerchfellkuppel aufliegt;
- durchblutungsfördernde Wirkung der Leber, die unter der rechten Zwerchfellkuppel angesiedelt ist;
- Passagebeschleunigung mit Verdauungsförderung durch direkte Massage des quer verlaufenden Dickdarms;
- aufbauende Saugwirkung mit Passageförderung der Venen und der Lymphbahnen des Bauchraumes und der unteren Extremitäten.

Diese überaus positive Wirkung der unteren Bauchatmung ist geradezu typisch für das Meditationsstadium und der Beginn der Entspannung ist gekennzeichnet durch das automatische Umstellen der belastenden Brustatmung zur entspannenden unteren Bauchatmung.

Wie wir bereits in Kapitel 1 (Seite 14 ff.) sahen, kommt jeder Mensch mit einem angeborenen Meditationsverhalten auf die

Welt, weil in pränataler Zeit das früh ausgebildete Gehirnzentrum rund um die Uhr von wechselnden Schwingungen und repetitiven Rhythmusstrukturen der Mutter programmiert wurde. Atmung, Herzschlag, das Klangmuster der Stimme sind Schwingungsmuster, die uns unsere Mutter mitgibt, einen angeborenen Katalysator, über den das vernunftgemäße Denken unseres Gehirns mit dem emotionalen Zentrum des Herzens verbunden wird. Meditative Gebete in allen Klöstern sind geprägt durch die Synchronisation zwischen geistigen und körperlichen Aktivitäten und über die zentrale Stellung der Atmung in Verbindung mit der Sammlung um den Körpermittelpunkt.

Der tiefen Entspannungshocke kommt dabei eine besondere Bedeutung zu. Sie geht mit einer extremen Beugung der Oberschenkel in den Hüftgelenken einher und diese Winkelstellung ist für eine freie Entfaltungsmöglichkeit des Zwerchfells durch das Zusammenspiel wichtiger Beckenmuskeln von entscheidender Bedeutung. Dazu sind einige anatomische Hinweise unumgänglich: Die Balance unserer Gelenke wird über komplexe Muskelgruppen gesteuert, die in der Regel zu beiden Seiten eines Gelenks angesiedelt sind. Die Beuge- sowie Streckvorgänge werden von Synergisten auf der einen Seite und Antagonisten (Gegenspieler) auf der anderen Seite beeinflusst. Diese Situation gilt aber auch für das Hoch- und Tieftreten des Zwerchfells in seiner »Blasebalgfunktion«, und eine freie, entspannende, tiefe Bauchatmung ist nur dann gewährleistet, wenn der Gegenspieler des Zwerchfells optimal entspannt ist.

Die tiefe Entspannungshocke in Verbindung mit der Bauchatmung ist körperliche Meditation im eigentlichen Sinne.

Nun ist man vielfach geneigt, den Antagonisten des Zwerchfells in der vorderen Bauchmuskulatur zu vermuten, denn hierbei handelt es sich um eine direkte Nachbarschaft, weil das Zwerchfell den Brustraum zum Bauchraum nach oben abdeckelt, während die vordere Bauchmuskulatur den vorderen Begrenzungswall aufbaut. Und selbstverständlich reagiert die vordere Bauchwand auf das Tiefertreten des Zwerchfells bei der Einatmung in Form der Entspannung, die sich in einer vorderen unteren Vorwölbung zeigt.

Aus der Sicht der Biomechanik ist jedoch die vordere Bauchmuskulatur nicht der direkte Antagonist des Zwerchfells, sondern durch ihre Oppositionsstellung ist die Bauchmuskulatur der eigentliche Antagonist zur Rückenmuskulatur. Der gegenüberliegende Gegenspieler des Zwerchfells im Bauchraum ist eine Muskelplatte, tief verborgen im Becken, die zwischen der Lendenwirbelsäule, den beiden Beckenschaufeln an der Beugeseite der Hüftgelenke verläuft. Gemeint ist der so wichtige Laufmuskel des Menschen, der so genannte Hüftlendenmuskel (M. iliopsoas), von mir als Mr. I bezeichnet, da er sich durch seine Lage tief im Becken unserer direkten Kontrolle entzieht. Er ist weder sichtmäßig noch durch Abtasten zu erfassen. Mr. I ist nicht nur der wichtige Gegenspieler des Zwerchfells, er ist ebenso unser entscheidender Laufmuskel, ist er doch durch seinen Verlauf in der Lage, über Verkürzung das rechte und linke Bein anzuheben.

Somit kann gefolgert werden, dass bei längerem Gehen und Laufen als Folge der einseitigen Überbelastung eine verkürzende Stressspannung von Mr. I die direkte Folge ist.

Mr. I als eigentlicher Laufmuskel des Menschen steht in neuester Zeit unter Dauerstress, weil der Mensch sein Leben leider bevorzugt im Sitzen und nicht mehr im Gehen verbringt. In sitzender Position ist dieser Hüftlendenmuskel verkürzt und zusammengeschrumpft, Mr. I erfährt also im Laufe des Tages eine zu seltene entlastende Dehnung, die immer dann eintritt, wenn das Hüftgelenk beim Stehen oder in einer entsprechend starken Rückschwungphase des Beines nach hinten gedehnt wird. Für die Bequemlichkeit des modernen Industriezeitalters hat somit der Mensch einen entscheidenden Tribut zu zahlen – in diesem Falle in einer nachhaltigen Stressspannung von Mr. I im Becken, die durch zwei grundlegende Verhaltensmuster hervorgerufen wird:

- Verkürzungstendenz des Hüftlendenmuskels (Mr. I) beim langen Sitzen, bedingt durch die 90-Grad-Beugeposition der Beine in den Hüftgelenken;
- Stressspannung durch Beugebelastung des Hüftlendenmuskels beim Gehen und Laufen, hervorgerufen durch das absatzbetonte Spitzfußgehen, denn moderne Straßengeher verzichten damit auf die Eenergie fördernde Schwungphase des Beines nach hinten.

Dieser kleine Abstecher in die Anatomie war notwendig, damit klar wird, wie sehr heutzutage der eigentliche Antagonist (Gegenspieler) des Zwerchfells permanent unter einer Druckspannung steht, wodurch dem Tiefertreten des Zwerchfells bei tiefer Einatmung Grenzen gesetzt sind. Da Mr. I dann beim Stehen mit gestreckten Hüftgelenken eine zusätzliche Stressspannung aufbaut, kann sich die Lage nur dann verbessern, wenn über die zunehmende Hüftbeugung (unterschiedliche Hockpositionen) der Druck aus dem unteren Becken genommen wird, sodass sich hierüber das Zwerchfell leichter nach unten in den Bauchraum entfalten kann.

Wir sind also gut beraten, auch im Stehen die Knie und Hüftgelenke in leichter Beugeposition zu halten, denn hierdurch wird bei tiefer Einatmung die freie Entfaltungsmöglichkeit des Zwerchfells im Bauchraum gefördert.

Und: Wir verstehen jetzt auch besser, warum in der Meditation in tiefer Hock- und Sitzposition die freie Entfaltungsmöglichkeit des Zwerchfells am stärksten ist, weil Mr. I in dieser Stellung maximal entspannt ist und der Gegendruck aus dem unteren Beckenraum ausgeräumt wird. Selbstverständlich ist hierbei darauf zu achten, dass ein stärkerer Druck der Oberschenkel auf den vorderen Bauchraum vermieden wird, denn nur so kann die optimale Entspannung der vorderen Bauchmuskulatur gewährleistet werden.

Das repetitive Atemmuster und die mehr oder weniger stark ausgeprägte Hockposition des Körpers spielen somit beim RMT eine ganz entscheidende Rolle. Über die Konzentration der Ein-

und Ausatmung entsteht quasi ein körperlicher Kristallisationspunkt mit allgemeiner Resonanz über den wechselnden Atemrhythmus, der durch eine Hockposition des Körpers verstärkt wird und eine körperliche und geistige Sammlung um den Körpermittelpunkt herbeiführt.

Aus der Praxis für die Praxis

Seekrankheit

Wer je das Elend einer Seekrankheit erfahren hat, möchte es nie wieder im Leben durchstehen. Insbesondere auf einer langen Reise wünscht man sich das nahe Ende herbei, weil die miserable Körperverfassung keinen Hoffnungsschimmer mehr zulässt. Die körperliche Ohnmacht schwankt zwischen Übelkeit und tatsächlichem Erbrechen, wir geraten von einer Chaossituation in die andere. Alle gut gemeinten Ratschläge verklingen ungehört, angefangen von der Einnahme beruhigender Medikamente bis hin zur Seemannsempfehlung, kontinuierlich auf einer trockenen Semmel herumzukauen.

In diesem Zustand inneren und äußeren Aufruhrs ist das RMT angesagt, denn vordergründig geht es darum, eine reziproke (umgekehrte) Synchronisation einerseits zwischen dem Auf und Ab der Wellen sowie zwischen der Ein- und Ausatmung herzustellen!

Den wechselnden vertikalen Schwingungen in ihren extremen Ausschlägen werden ihre Spitzen genommen, wenn man bewusst gegen die Wellen anatmet, das heißt, gegen den Wellenberg wird die Ausatmung geschaltet und beim Wellental wirkt die Einatmung ausgleichend. Auf diese Weise reduzieren sich die extremen Spitzen der vertikalen Ausschläge psychisch, man mindert die Gewalten der unruhigen See und beherrscht bewusst die Turbulenzen im eigenen Innenohr.

Die umgekehrte Synchronisation zwischen Wellenbewegung und Atmung bewirkt eine allgemeine körperliche beruhigende Entspannung mit beruhigender Wirkung auf das Innenohr. Und das negative Gedankengut, das bis zu Suizidabsichten reichen kann, wird eliminiert, wenn der Synchronisationsvorgang der Atmung noch zusätzlich mit einem Leitsatz verbunden ist. Die Fokussierung des Gehirns setzt ein positives Denken in Gang, sodass in einem nicht enden wollenden Sturm auf See bei einem selbst wieder die Sonne scheinen kann.

Der optimale Platz an Bord für die umgekehrte Synchronisation des RMT ist die Mitte und der unterste Punkt des Schiffes, weil sich an diesen Stellen nach physikalischen Regeln das Auf und Ab am geringsten bemerkbar macht.

Konzentration des Denkens durch repetitive Sprachmuster

Ein Kind fragt seine Mutter: »Mama, was muss ich tun, damit ich nicht ständig denke?« Wir alle kennen das Phänomen, dass in unserem Kopf ständig Gedanken herumschwirren, vielfach ist es auch ein regelrechter »Gedankenmüll«, der belastend wirkt. Die Sorgen des Alltags ziehen uns regelrecht nach unten, aber nicht nur die Probleme des Alltags machen uns unfrei: Westliches Denken plant und organisiert die Zeitabläufe bis in die ferne Zukunft, das heißt, wir machen uns Sorgen und Ängste über mögliche Pannen in ferner Zukunft und können heute noch gar nicht abschätzen, ob diese vorausgesagte Stresssituation wirklich Realität wird. Die logische Folge ist eine regelrechte Inflation negativer Denkabläufe in unserem Kopf, die uns blockieren und kreative Denkansätze schon im Keim ersticken.

Im fernen Osten dagegen überrascht, dass Zukunftsvisionen dort vollkommen unbekannt sind. Im indischen Hindi gibt es kein Wort, über das futuristische Handlungen ausgedrückt werden können. Der Begriff »aj« (sprich adsch) steht für aktuell, gegenwärtig, während »kal« Vorgänge von »gestern« und »morgen« nur in Verbindung mit einem Verb in der Vergangenheits- oder Zukunftsform wiedergibt. »aj« ist somit die aktuelle Ausdrucksform in einem endlosen »Zeitozean«, in dem das »gestern« und »morgen« nur summarisch über »kal« ausgedrückt werden kann.

Die Zeitangabe über das Wort »aj« steht am ehesten in unserer Sprache dem Wortbegriff »einst« nahe, wenn man ein Geschehen aus der Vergangenheit oder Zukunft ausdrücken will, wie »Einst warst du glücklich« oder »Einst wirst du kommen«.

Firmengründer westlicher Prägung haben es in Asien nicht leicht, denn für die einheimischen Mitarbeiter existiert praktisch nur die Gegenwart, und ein langfristig organisierter Arbeitsplan ist für ihr Denken kaum vorstellbar. Für sie ist das Morgen ein Geschehen in ferner Zukunft, für das es im heutigen Denken überhaupt keinen Platz gibt. Ein Rikschafahrer in Indien ist in seiner Tagesarbeit nur darauf ausgerichtet, trotz seiner ihn beherrschenden Armut den Lohn zu erwirtschaften, der für die Existenz der Familie am heutigen Tag dringend notwendig ist. Hat er diese Summe in den Mittagsstunden bereits zusammengetragen, so kann ein Tourist erleben, dass beim Ordern einer Fahrt auf Kollegen verwiesen wird, weil das vorsorgliche Planen für die Belange der nächsten Tage für einen Inder vollkommen fremd ist, nach dem Motto: *Carpe diem* – erlebe die Gegenwart positiv und denke nicht an morgen.

Die Zukunftsplanung westlicher Prägung hat natürlich auch ihre guten Seiten, denn ohne langfristige Lenkung und Organisation ist die erfolgreiche Existenz einer Unternehmung überhaupt nicht denkbar. Doch gebundenes Denken macht, wie gesagt, unfrei und erzeugt Negativstress, der unseren Kopf regelrecht in die Zange nimmt: Ableitende Nerven sorgen dafür, dass sich die zentrale Anspannung bis zur Peripherie ausbreitet, wodurch gleichzeitig unser Herz und die quer gestreifte Muskulatur schmerzhaft verspannt werden.

Die Flut negativer Gedanken macht unfrei.

Diese aktuelle Aufmerksamkeit unserer zentralen Steuerung ist kombiniert mit einer intensiven Reizstufe, in der alle sensiblen Empfangsorgane auf Sendung geschaltet sind. In einer schnelllebigen, lauten und grellen Welt haben wir permanent alle zur Verfügung stehenden Antennen ausgefahren und in der zentralen Empfangsstation des Gehirns blinken unaufhörlich sämtliche Warnleuchten. Die permanente Musikberieselung unserer Tage trifft beim Einkaufen, im Restaurant, im Straßenverkehr auf unser Ohr, grelle Lichtreklamen ziehen unaufhörlich unsere Aufmerksamkeit auf sich und in einer immer schneller werdenden Welt werden Zeiten der Ruhe, Entspannung und Erholung fortwährend seltener. In unserem Inneren tobt ein regelrechter Sturm, und die bildliche Vorstellung »Still ruht der See« wird mehr zu einer Oase längst vergangener Zeiten.

Doch wir können Abhilfe schaffen: Das RMT fungiert über die Gestaltung einer bestimmten Wortwahl als regelrechtes »Gehirnstretching«, eliminiert lästiges und negatives Denken, und die innere Brandung unruhiger Gedankensprünge kommt in ruhige Gewässer. In dieser Situation werden alle Antennen als sensible Empfangsorgane eingefahren, Sorgen und Ängste ausgeblendet und in unserem Denken stellt sich eine aufbauende Form neuer Kreativität ein. RMT ist als spezielle Form eines mentalen Trainings in der Lage, physiologische und biochemische Vorgänge im Körper entscheidend zu verändern.

Über die ständige Wiederholung bestimmter Worte oder kurzer Sätze im Innern wird unser Denken auf einen Punkt konzentriert und die allgemeine Erregung des zentralen Nervensystems gegen eine brennpunktartige Konzentration ausgetauscht. Die Auswahl solch eines lautlos formulierten Wortes oder Satzes sollte jeweils der individuellen Grundeinstellung entsprechen. Die verbale Wiederholung der Wiederholung wird geprägt von persönlichen Empfindungen, die durchaus bildliche Landschaftsformen wie Wald, Meer, Himmel oder Wolken ausdrücken können. Kristallisationspunkt unserer Gedanken können auch uns persönlich ansprechende Passagen aus Literatur und Dichtung sein. In der praktischen Gestaltung des RMT bietet sich die Synchronisation zweier Vorgänge in unserem Organismus an:

- Ausschaltung unseres negativen Denkens über die Konzentration des Gehirns auf einen Punkt durch die permanente Wiederholung kurzer Sätze, einfacher Gebete, Gedichte oder Liedtexte.
- Synchronisation bestimmter Wörter oder Sätze mit dem permanenten Wechselrhythmus der Ein- und Ausatmung sowie mit Konzentrationswirkung um den Körpermittelpunkt, sodass Kopf und Herz vereint werden.
- Die Wörter oder Sätze werden nur im Innern, also lautlos formuliert.

Beispiele für den inneren, stummen Dialog:
Die Gedanken sind frei (*Einatmung*) – wer kann sie erraten (*Ausatmung*), sie fliegen vorbei (*Einatmung*), wie nächtliche Schatten (*Ausatmung*) – oder mit den Worten Eduard Mörikes: Weisst du, wie viel Sternlein stehen (*Einatmung*) an dem blauen Himmelzelt (*Ausatmung*). Mit Noten unterlegt eignen sich beide Texte auch zum stummen, inneren Gesang.

Die englischen Mystiker des 14. Jahrhunderts prägten den Begriff des Leitworts und legten ihre Erfahrungen in dem Buch *Die Wolke des Nichtwissens* nieder. Über das Leitwort bzw. den Leitsatz oder über ein Leitgebet ist man in der Lage, den persönlichen Willen auszuschalten, den lähmenden Einfluss von Sorgen und Ängsten auf unser gesamtes Denken zu eliminieren und den alltäglichen Gedankenfluss zu durchbrechen.

Geh in die Stille, schließe die Augen und fahre auf diese Weise all deine Empfangsantennen ein. Konzentriere dich auf die Ein- und Ausatmung und synchronisiere zu diesem Wechselrhythmus einen individuell gefärbten Leitsatz bzw. ein Leitgebet. Beuge in dieser Stille deinen Körper, damit der Atem frei fließen kann. Bei entsprechender Übung manifestieren sich nach 10 bis 15 Minuten folgende körperliche Veränderungen:

- Die belastende Brustatmung geht auf die ruhige und tiefe Bauchatmung über, die Atemzüge werden ruhiger und langsamer;
- negatives Denken wird ausgeblendet und eine schöpferische Kreativität beherrscht unser Denken;
- Muskeln und Gelenke entspannen sich, eine Herz-Kreislauf-Beruhigung sowie ein Absenken des Blutdrucks setzen ein, der Pulsschlag wird ruhig;
- die Zeit bleibt stehen, die Hektik des Tages fällt von einem ab.

Ein Leitsatz, der viele dunkle Vokale enthält (siehe auch Seite 20), ist optimal geeignet, um unser aktuelles Außenbewusstsein zu absorbieren. Praktizierende Mönche wissen dies und sind deshalb durch die Meditation durchaus in der Lage, alles um sich herum und sich selbst vollständig zu vergessen. Nur so können sie vermutlich den strengen Anforderungen eines reinen Gebetsklosters gerecht werden, weil eine Lebensgestaltung in der meditativen Grundhaltung ein anderes Zeitmaß vorgibt, eine Taktfolge ohne Rastlosigkeit und Eile. Die Zeit bleibt quasi stehen, befreit von zwanghaften Aktivitäten, die die Stunden zwischen den Fingern zerrinnen lassen.

Über Meditation und Kontemplation werden Meditierende in die Lage versetzt, die Einheit von Gott und der eigenen Person, von Subjekt und Objekt zu erfahren, wobei dieser Zustand in der Regel von absoluter Zeitlosigkeit geprägt ist – und dies gilt nicht nur für Mönche, sondern für jeden, der gelernt hat, intensiv zu meditieren.

Parallelen zur meditativen Gebetstechnik der Mönche zeigt das Rosenkranzgebet in der katholischen Kirche, denn damit wird die gesamte Aufmerksamkeit des Gläubigen auf die einzig gültige Botschaft Gottes gerichtet; oder aber denken wir an »das Kauen von Psalmen«, das der Allgemeinheit unter dem Begriff des »Psalmodierens« bekannt geworden ist. Über diese fromme Form des Widerkäuens, »ruminatio«, versprach man sich bereits in früheren Jahren eine besondere Eingängigkeit der göttlichen Botschaft, und auch Meister Eckehart ging diesen Weg im 14. Jahrhundert.

Doch nicht nur in abgelegenen Klöstern, sondern auch im Sprechtheater auf der Bühne werden repetitive Techniken genutzt, obwohl sie in einer schnelllebigen und ökonomisch ausgerichteten Welt nicht immer verstanden werden. Permanenter Aktionismus in variationsreicher Gestaltung prägt die Gegenwart,

ein Spektakel jagt das andere und mit äußerster technischer Raffinesse versuchen junge Regisseure in modernen Theatern das Publikum von einem Extrem ins andere zu jagen.

In Christoph Marthalers *Die Stunde 0 oder die Kunst des Servierens* werden repetitive Techniken wie das Auf- oder Zuklappen eines Bettes oder die Darstellung und Benutzung eines roten Teppichs etc. bewusst genutzt, um Aufmerksamkeit zu erzeugen. Primär geht es um die Andersartigkeit der typischen Arbeitsweise von Medien, um sich auf diesem Wege von spektakulären Szenen unterscheiden zu können. Im Sprechtheater verliert durch die endlose Wiederholung der Wiederholung die Begriffsbestimmung eines Wortes an Bedeutung, sodass schließlich nur noch das verbale Klangbild im Vordergrund steht, was emotionale Schwingungen in Gang setzt und die Aufmerksamkeit des Gehirns auf einen Punkt konzentriert.

Fazit: Das Wort in der Meditation ist wie das Schwingen einer Saite, es fokussiert unser Denken mit Resonanz für Körper, Seele und Geist.

Aus der Praxis für die Praxis

Tinnitus

Unsere grelle und laute Welt wirkt nicht isoliert und separat in sich, sie sorgt für körperliche Resonanz und Schwingung, für ein Echo, das sich in den Ohren vieler Menschen oft in schriller Form niederschlägt. Die Zahl derer, die unter ständigen Ohrgeräuschen leiden – dem so genannten Tinnitus –, steigt ständig an. Stellen wir uns nur einmal vor, wir würden überall, wo wir stehen, gehen oder ruhen, vom Poltern eines LKWs begleitet, denn so stark können Ohrgeräusche bei Tinnituspatienten durchaus sein! Und es liegt auf der Hand, dass diese ständigen Stressattacken für Gehirn, Herz, ja für den ganzen Organismus nachhaltige Folgen haben.

In dieser andauernden Alarmsituation hat der Parasympathikus (siehe Seite 82 f.) mit seiner ausgleichenden Beruhigungswirkung gar keine Chance, ans Ruder zu kommen, denn ständig bestimmt der Sympathikus die schnelle Fahrt und treibt Puls, Blutdruck, ja die gesamte Aufmerksamkeit in die Höhe, bis schließlich alle Sicherungen durchgebrannt sind.

Ein starker Tinnitus gibt uns gar keine Gelegenheit, die Dinge mit Überlegung und bedacht anzugehen, vor einer Aktion die einzelnen Schritte systematisch zu überdenken, denn schließlich ist man ständig auf der Flucht – auf der Flucht vor der eigenen Person – und kennt doch keinen Flecken auf dieser Welt, der nicht von den allseits präsenten Alarmglocken übertönt wird. Der Tinnitus verfolgt den Menschen wie sein eigener Schatten, über den man bekannterweise auch nicht hinwegspringen kann. Und wenn ein Tinnitusbetroffener alle medizinischen Diagnostiken (neurologisch, orthopädisch, HNO) abgeschlossen hat, so bleibt nur noch der Fluchtkorridor über die Mega-Meditation, das heißt, über das RMT, und zwar in der Kombination mit Ausdauertraining, weil hierdurch die Umschaltung vom Sympathikus auf den Parasympathikus am intensivsten vorgenommen werden kann. Dies wiederum hat eine beruhigende Wirkung auf das Innenohr, mit folgendem Ergebnis:

- Beruhigung des arteriellen Schlagrhythmus, verbunden mit der Abnahme störender Turbulenzen im engen Gefäßlumen der Arterien im Innenohr;
- Verlangsamung der Puls- und Herzschlagzahl;
- Verbesserung der arteriellen Sauerstoffversorgung des Innenohrs;
- Verbesserung der arteriellen Blutversorgung, wobei auf eine reichliche Flüssigkeitszufuhr (täglich 2 bis 3 Liter) zu achten ist.

Ausdauertraining und RMT können zum Rettungsanker und zum Hoffnungsträger für alle Tinnitusgequälten werden, wenn sie über die exzellente Entspannungswirkung wieder Ruhe und allgemeine Stille erfahren und die schrillen Alarmglocken aufhören zu läuten. Günstig beim Tinnitus wirkt auch die Kombination von

RMT mit einer speziellen Form des Zungenstretchings, wobei wiederholt über sieben Sekunden die nach oben aufgerollte Zungenspitze gegen das Gaumendach gedrückt wird.

Repetitive Körperbewegungen mit meditativer Wirkung

Es sind rhythmische Körperbewegungen mit einem typischen Wiederholungscharakter, die eine allgemeine meditative Wirkung auf den menschlichen Organismus entfalten, wie es schon einige Male in diesem Buch anklang. Die Rhythmik ist dabei gekennzeichnet von bipolar ausgerichteten Aktionsmustern, die wie Licht und Schatten wirken nach der Vorgabe:

- Auf Anspannung erfolgt Entspannung;
- Einatmung ist auf Ausatmung angewiesen;
- auf Rechtsschwung folgt Linksschwung.

Im Folgenden wollen wir uns noch ein wenig ausführlicher mit verschiedenen repetitiven Körperbewegungen befassen. Im Vordergrund steht jeweils die zentrale Wirkung der Ein- und Ausatmung, die im Sinne einer körperlichen Konzentration wirkt und auf geradezu ideale Weise Kopf und Herz miteinander verbindet. Jeder Stresssituation kann allein über die unmittelbare Konzentration auf diesen Wechselmechanismus der Schrecken genommen werden, denn mit Kurzatmigkeit und Hechelatmung kommt man bekannterweise niemals ans Ziel.

Neben der optimalen Synchronisationswirkung zwischen Leitsatz und Atmung kann ein beruhigender Rhythmus auch zur Rechts-Links-Aktivität der Beine geschaltet werden, wie es aus vielen Gehmeditationen bekannt ist (siehe auch Seite 41).

Eine meditative Entspannungswirkung erleben auch Läufer, wenn schon nach kurzer Zeit die abschweifenden Gedanken über den repetitiven Grundrhythmus der Atmung oder der Beine fokussiert und zentralisiert werden (siehe auch Seite 50 ff.). Auf diesem Wege kann ein meditativer Entspannungsausgleich bereits nach drei bis fünf Minuten seine Wirkung entfalten und ein regelrechter Kreativitätsschub im Gehirn ausgelöst werden, der unbewältigte Denkaufgaben im Nu einer logischen Lösung zuführt. Viele Seminare und Konferenzen im Managementbereich könnten zielgerichteter und erfolgreicher verlaufen, wenn vermehrt »Gehkonferenzen« veranstaltet würden, weil die hierbei entwickelten kreativen Gedanken Konfliktlösungen schneller herbeiführen. Ebenso wirkt Tanz-Jogging mit meditativer Wirkung auf einem Minitrampolin, wobei der repetitive Grundrhythmus der Beine über einen Spiegel permanent reflektiert werden kann.

Zu Beginn dieses Buches wurde über das angeborene Meditationsverhalten ausführlich berichtet, denn rein intuitiv versetzt jede Mutter ihr schreiendes Kind über eine typische körperbetonte Rechts-Links-Schaukelbewegung der Arme in Ruhe und Geborgenheit, ähnlich reagiert die Großmutter auf das unruhige Kind durch willkürlich ausgerichtete Schaukelbewegungen des Kinderwagens. Rhythmische Körperbewegungen sind es, die auch im späteren Leben ihre volle meditative Wirkung entfalten können, sei es auf einem Schaukelstuhl oder schwebend in einer Hängematte zwischen zwei Bäumen. Die allgemeine meditative Wirkung kann auf diesem Wege noch verstärkt werden, wenn parallel ein regelmäßiges Wechselspiel ziehender Wolken unsere ganze Aufmerksamkeit bindet. In diesen Rahmen passt auch das Verhalten der Bauern im alten Mecklenburg, wenn sie in den Mußestunden am Mittag durch den Perpendikel einer Standuhr Ruhe und Entspannung fanden, begleitet von dem Leitsatz: »Hier geiht hei henn, dor geiht hei henn«.

Ältere Zeitgenossen unter uns erinnern sich noch an die einschläfernde Wirkung der alten Dampfeisenbahn, deren rhythmisches Klopfen die Mitreisenden regelmäßig in Schlaf wiegte, bedingt durch das regelmäßige Klopfen der Räder über die Kontaktstellen der Schienen. Dieser Taktak-Rhythmus seliger Dampflokzeiten fiel in den Wintermonaten besonders deutlich aus, weil

Kälte bekanntlich die Materialien zusammenzieht, wodurch die Schnittstellen in den Schienen stärker betont wurden.

Zu Großmutters Zeiten war man von der beruhigenden Wirkung strickender oder häkelnder Hände überzeugt und man glaubte, dass beispielsweise während einer Schwangerschaft die meditativen Gedanken der Mutter auf das Kind übergehen würden. Handarbeit in dieser Form ist eine typische repetitive Hand- und Fingerbewegung, die eine allgemein beruhigende Wirkung mit gleichzeitiger Fokussierung unseres Denkens bewirken kann. Auch bei bestimmten Aktivitäten im Haushalt, wie beispielsweise beim gewissenhaften Scheuern oder Schrubben, stellen sich neben einem angeregten Tüchtigkeitsgefühl auch Ruhe und Entspannung ein. In ähnlicher Weise wirkt die typische Rechts-Links-Bewegung beim Bügeln, die als ein regelrechtes Entspannungstraining nach Phasen von Anspannung und Stress eingesetzt werden kann. Tätigkeiten dieser Art können die allgemeine Körperentspannung noch durch ein zusätzliches Highgefühl verstärken, wenn aus der unmittelbaren Umgebung Anerkennung und Lob gezollt werden, weil auf direktem Wege konstruktive Handlungsmuster zustande gebracht werden.

Häkeln, stricken, putzen sind wirksames RMT.

Wir sehen also, welch hohe meditative Wirkung verschiedene repetitive Körperbewegungen haben können. Wie sehr diese Wirkung jedoch noch gesteigert werden kann, wenn das Ganze in eine bestimmte Tanzform mündet, soll im Folgenden näher geschildert werden.

Repetitive Tanzformen

Wie in diesem Buch bereits ausführlich geschildert, sind rhythmische Schwingungen die Urform unserer Sinneserfahrungen im Mutterleib. Kommen im späteren Leben weitere Sinneserfahrungen dazu, so wird die allgemeine Entspannungswirkung auf den Gesamtorganismus wesentlich gesteigert, was wir für die praktische Umsetzung des RMT hervorragend nutzen können. Beim Tanz sind es nicht nur die rhythmischen repetitiven Schwingungen, die durch unterschiedliche Instrumente ausgelöst werden, addiert werden müssen auch die repetitiven Bewegungsmuster der Arme, der Beine, ja des ganzen Körpers unter gleichzeitiger Einbeziehung der ständig wechselnden Ein- und Ausatmung. Beim Tanz und in der direkten Verbindung zur Trommel potenzieren sich die repetitiven Bewegungsmuster über die Einflussnahme unterschiedlicher Schwingungsebenen:

- Meditative Wirkung durch repetitive Musik oder durch den repetitiven Trommelrhythmus;
- repetitive Bewegungsmuster der Arme, der Beine, des ganzen Körpers;
- repetitiver Wechselrhythmus der Ein- und Ausatmung.

Eine elementare Lebensäußerung bei allen Naturvölkern ist das synchron ablaufende Händeklatschen und Füßestampfen zum anhaltenden Rhythmus der Trommel. Dieses elementare Klangerlebnis geht nicht nur unter die Haut, es trifft auch direkt unser Herz und kann auf diese Weise sogar tödlich sein. In Schwarzafrika gibt es Stämme, die verurteilte Straftäter an einen Baum fesseln und einer permanenten Trommelattacke über Tage hin aussetzen. (Der plötzliche Abbruch dieses Klangtraumas führt häufig zum Tod des Deliquenten, weil der innere Protest gegen diesen aufgezwungenen Stressangriff mit dem Zusammenbruch des gesamten Immunsystems einhergeht.)

Repetitiven Charakter weisen auch die so genannten Veitstänze im Mittelalter auf, und am Ende jener Epoche kam es zu regelrechten Tanzepidemien, die dem Nachahmungsdrang des Menschen folgten und nicht selten in regelrechte Massenhysterien entarteten, wie sie heutzutage durchaus auch in der Technoszene zum Ausdruck kommen können. In der allgemeinen Unaufgeklärtheit des »dunklen Mittelalters« schreckte man auch nicht vor der Einnahme von Giften zurück, wie sie in Nachtschattengewächsen (z.B. Tollkirsche, Stechapfel etc.) zu finden sind, da die hierin enthaltenen Alkaloide (Atropin und Scopolamin) direkt auf das vegetative Nervensystem wirken und allgemeine Erregungszustände verbunden mit Zittern und Unruhe hervorrufen können.

Unter Wirkung dieser »pharmazeutischen Keule« endeten die Veitstänze häufig in einem regelrechten Trancezustand, der in der täglichen Monotonie dieser Zeit als herausragendes Ereignis eine große Rolle spielte. Im Sinne der Tranceinduktion ist auch der Tarantismus in Süditalien (Apulien) zu werten, der insbesondere im 13. Jahrhundert bekannt wurde. Bis in die Gegenwart hat sich die Redensart »wie von einer Tarantel gestochen« erhalten, wobei die repetitiven Körperbewegungen auf andere Menschen einen regelrechten Nachahmungseffekt auslösen und die ganze Szene in eine regelrechte Tanzwut abgleiten kann.

Zurück zum Tanz und zur Wirkung der Trommel: Aufgrund der hohen emotionalen Stimulation sind daher auch die tranceähnlichen Zustände der Indianer vorstellbar, wenn über Stunden der repetitive Rhythmus der Trommel mit dem stampfenden und klatschenden Stakkato der Arme und Beine synchronisiert wird. Bekannt geworden ist auch ein Singbewegungsspiel der Navajo-Indianer: Dabei wird der Tanz mit den Händen kniend im Kreis praktiziert, wobei die repetitive Körperbewegung der Hände dem stereotypen He-ja-he-ja-he-ja-Gesang angepasst wird.

Unvergessen sind für mich die Formationstänze auf Bali, wenn 50 Männer im Kreis sitzend ihre nackten Körper beim Ketchak-Dance hin und her wiegen und dazu kehlige Laute ausstoßen. Der repetitive Gesamteindruck wird auf diese Weise nachdrücklich unterstrichen, weil die tierähnlichen Töne mit den pendelnden Körperschwingungen synchronisiert werden. Nun verstehen wir auch die exzellente Entspannungswirkung des Lachens, wobei die Ha-Ha-Ha-Repetitionen unter Einbeziehung des Zwerchfells die tiefe körperliche Entspannung bewirken.

Dem gleichen Verhaltensmuster sind die Berbertänze in Nordafrika und die Hochzeitstänze in Tunesien zuzuordnen. Manche von uns erinnern sich in diesem Zusammenhang vielleicht an eine typische Tanzszene in dem Film *Marrakesch*. Ein tranceähnlicher Zustand beendet eine Tanzszene mit typischen repetitiven Strukturen. Zu dieser Kategorie Tranceinduktion passen auch die schier endlosen Drehtiraden der »tanzenden Derwische«, einer asketisch-mystischen Richtung im Islam, die über repetitive Tanzformen die mystische, ekstatische Vereinigung mit Gott anstrebt. Diese so genannten Sufis kleiden sich in weiße Wolle, so, wie es der arabischen Bedeutung des Wortes (*Suf* = weiße Wolle) angemessen ist.

Wie bereits erwähnt, ist die meditative Wirkung auf den Menschen immer dann besonders intensiv, wenn Atmung, repetitive Körperbewegungen der Arme oder Beine mit Rhythmus und repetitiver Musik ineinander verschmelzen. Gemeint ist auch das elementare Erfühlen vibrierender Trommeln, wobei der gesamte Körper zum Resonanzboden wird. In diesem Falle kommen idealerweise drei Wirkungsebenen zusammen:

- Ausdauertraining durch die hohe Aktivität großer Muskelgruppen der Arme und des gesamten Körpers über längere Zeit;
- das typische repetitive Schwingungs- und Klangmuster der Trommel;
- die repetitive Lungenarbeit in permanentem Wechsel zwischen Ein- und Ausatmung.

Nach neuesten medizinischen Untersuchungen ist übrigens die präventive Entspannungswirkung auf Herz und Kreislauf vor allem dann besonders groß, wenn Meditation und Ausdauertraining in direkter Verbindung stehen.

Auch beim Flamencotanz, von dem bereits auf Seite 41 berichtet wurde, sind repetitive Bewegungsmuster auffällig, wenn der rhythmische Klang der Gitarre vom Wiederholungsstakkato der Beine unterstützt wird, wobei die Kastagnetten gleichsam als Verstärker wirken – ein Stereoeffekt, der die gesamte Handlung in die Tranceinduktion hineintreiben kann.

Geradezu eine Sogwirkung geht auch von der modernen Technoszene aus. Und es sind nicht unbedingt die Aufhellungsdrogen, die in jedem Falle für das angestrebte Highgefühl der Tänzer sorgen, vielmehr sind es die starken tranceähnlichen Zustände, die in Zusammenhang gesehen werden müssen mit der Synchronbewegung des gesamten Körpers zur repetitiven Musik über einen langen Zeitraum.

Ähnlich, wenn auch viel geordneter, geht es beim Wiener Walzer zu. Der repetitive ¾-Takt mit der synchronisierten Walzerschwingung um die eigene Körperachse bewirkt zwar keine Ekstase im Tanzpalast, wohl aber die erste Stufe der Meditation im Sinne einer gelösten Entspannung und hier ist der wahre Grund zu suchen für Glückseligkeit und freudige Gelöstheit bei »Wiener Blut«.

Resonanzverhalten des Körpers

Unser Körper als materieller Rahmen unseres Egos besteht zum größten Teil aus festen und flüssigen Bestandteilen, die je nach Aufbau und Dichte Schwingungen aufnehmen und mit unterschiedlicher Geschwindigkeit weitergeleitet werden. Resonanz tritt immer dann ein, wenn die Energiefrequenz mit der Eigenfrequenz des Körpers übereinstimmt, wenn der komplexe Vorgang synchron (griech. = gleichlaufend, gleichzeitig) abläuft. 331 Meter pro Sekunde braucht die Schallschwingung in der Luft, um sich in Wasser auf 1407 Meter pro Sekunde und in fester Materie (z.B. Eisen) auf 5100 Meter pro Sekunde zu steigern. Der menschliche Körper in seiner Grundsubstanz weist somit ein exzellentes Resonanzverhalten auf. In diesem Resonanzboden zwischen Umwelt und Körper spielen die Schwingungsqualitäten des Erregers parallel geschaltet zum Empfänger eine entscheidende Rolle.

Zunächst geht jeder laute und helle Ton und jede Dissonanz mit einer Alarmwirkung einher, denken wir nur an die Sirene oder an das Martinshorn (Ta-tü-ta-ta), wobei dieser Reiz bis an die

Schmerzgrenze gehen kann. In Relation zur Intensität nehmen Schwingungsfrequenz und -ausschlag kontinuierlich zu, wodurch die Erregungsstufe gesteigert wird.

In der Musikszene drängen sich meist laute Töne in den Vordergrund, die vor- und aufwärts streben, begleitet von einem akzentuierten Rhythmus bei häufigen Variationen unterschiedlicher Klangfarben. Bei einer Untersuchung wurde festgestellt, dass ein Ungeborenes beispielsweise auf Musik von Brahms, Beethoven oder auf moderne Rockmusik auffällig unruhig reagiert. In dieser Beziehung repräsentieren Beethovens *7. Sinfonie* und das *Konzert für Klavier und Orchester Nr. 5 in Es-Dur* auf beson-

dere Art diese antriebsfördernde und belebende Wirkung in der Musik und auf der emotionalen Ebene werden die Gefühle regelrecht aufgewühlt. Auch Strawinskys *Le sacre du printemps* verbreitet keineswegs Harmonie, sondern die auseinander driftenden Klänge erzeugen vielmehr eine allgemeine Spannung, die Puls und Blutdruck in die Höhe treiben.

Der Kampfnerv in unserem Körper wird regelrecht alarmiert, wenn Musik folgende Qualitäten aufweist:

- divergierende Strukturen, die in alle Richtungen führen;
- laute Töne, die besonders vor- und aufwärts streben;
- betonter Akzent im Rhythmus;
- laufender Wechsel unterschiedlicher Klangfarben.

Als Resümee bleibt die Aussage, dass nicht jedes klassische Stück mt Entspannung und allgemeiner Gelöstheit in Zusammenhang steht. Klassik kann ebenfalls aufrührerisch wirken und eine allgemeine Alarmsituation im Körper hervorrufen.

In gleicher Weise können fernöstliche/afrikanische Klänge auf westliche Ohren wirken, auch wenn sie betont meditativ aus-

gelegt sind, weil unser abendländisches Musikverständnis und unsere allgemeine Erziehung anders sind, sodass diese Klangbilder nicht von jedermann mit Wohlwollen aufgenommen werden. Vielleicht aber bewirkt die allgemeine Globalisierung unserer Welt, dass wir uns allmählich den unterschiedlichsten Musikrichtungen anpassen können.

Meditation braucht ein ruhiges Milieu, in dem verlangsamte Schwingungen mit geringen Ausschlägen den Ton angeben. Gemeint sind die ruhigen Sätze der Klassik, wie so berühmte Komponisten wie Bach, Haydn, Vivaldi, Pachelbel sie zu Papier gebracht haben. Ein entsprechendes Adagio überträgt die Klangqualitäten, die leicht synchronisiert werden können, und zwar mit ständig wechselnden Lungenbewegungen, die bei einer Frequenzschaltung von 16 Atemzügen je Minute liegen. Auf diese Weise erfüllt die Musik die Voraussetzungen der Isomerie (Anpassung der Musik an die Atmung), das heißt, die ruhig schwingenden Klangbilder stellen sich in ihrer repetitiven Struktur auf den ureigensten Atemrhythmus ein. Isomerie, ein physikalischer Begriff, ist die Übereinstimmung verschiedener Stoffe im chemischen und physikalischen Verhalten bezüglich Art und Menge.

Dieser restlose Vorgang der Assimilation zwischen Musik und Atmung ist individuell steuerbar, weil das Atemsystem zwar autonom abläuft, aber durchaus individuell (bewusster Wechsel von schnell und langsam) gesteuert werden kann. In der totalen Übereinstimmung zwischen Schallerregung und -empfänger kann der Anpassungsvorgang schließlich so weit führen, dass nicht nur die Atmung, sondern auch der Herzschlag parallel geschaltet wird. Thomas Verny berichtet in *Das Seelenleben des Ungeborenen* über die Musikwirkung auf Ungeborene. Bereits in frühester Schwangerschaft bewirkt die Musik von Vivaldi und Mozart nicht nur eine verlangsamte und regelmäßige Schlagfolge des Herzens, mit beeinflusst wird auch die allgemeine Motorik, denn die Mutter registriert geringere Strampelaktivitäten.

Grundsätzlich muss jedoch vermerkt werden, dass die Herzarbeit autonom, das heißt unabhängig von der Willensbildung in Ruhe funktioniert, und ob wir wollen oder nicht, die zentrale Uhr tickt kontinuierlich beim Gesunden mit einer Frequenz von 60 bis 80 Schlägen in der Minute. Diese Schlagzahl ist natürlich keine konstante Größe, der Rhythmus ist veränderbar durch emotionale Reize wie Freude, Begeisterung und vor allem durch Bewegung – Bewegung am besten in Form des Tanzes. Begeisternder Tanz als optimaler Körperausdruck schafft ein universelles Schwingverhalten im gesamten Körper, sodass der Synchronisationswert der Schwingungen zwischen 60 und 80 Schlägen und mehr je Minute beträgt, wobei die allgemeine Tiefenwirkung noch durch das repetitive Stakkato der Beine verstärkt wird.

Dieser Synchronisationsvorgang beim Tanz läuft praktisch dreidimensional, über drei Kanäle (Musik – Herz – Beinrhythmus) wirken repetitive Schwingungen auf den Gesamtorganismus, und auf emotionalem Wege verschmelzen Körper, Seele und Geist auf hohem Niveau miteinander. Bei dieser Form des tänzerischen Körperausdrucks geht es um die intensive Verschmelzung von Ego, Musik und Rhythmus, in der sich unverfälschte Sinneseindrücke freisetzen können, die allerdings von den Gesellschaftstänzen mit ihrem strengen Regelwerk nur zum Teil erreicht werden können.

In der restlosen Synchronisation externer und interner Schwingungen sind es einfache Klangbilder mit repetitiven Rhythmusstrukturen, die den Gesamtorganismus (Atmung, Herz- und Muskelrhythmus) in einen Erregungszustand versetzen, der mit einem unbeschreiblichen Gefühl der Freiheit und Gelöstheit verbunden ist – einer Freiheit, die uns in das ungezwungene Empfinden kindlicher Freude versetzt. Diese übereinstimmende Schwingungsresonanz berührt unser Herz emotional und löst auf diesem Wege seelische Spannungen.

Aus der Praxis für die Praxis

Herzinfarkt- und Schlaganfallprävention

Wie ein Damoklesschwert hängt über uns allen das Herzinfarkt- und Schlaganfallrisiko, es kann uns treffen wie ein Blitz aus heiterem Himmel und unsere Lebensuhr von einer Sekunde zur anderen stoppen. Das allgemeine Schlaganfallrisiko ist noch erheblich größer, denn nicht selten erfährt der Betroffene auch bei leichteren Verläufen eine nachhaltige Änderung in seiner Persönlichkeit. Fallen jedoch wichtige Gehirnfunktionen aus, so ist dies mit einer sehr deutlichen Änderung der Persönlichkeit verbunden: Insbesondere Mimik und Sprache verändern sich und eine ehemals starke Führungspersönlichkeit kann sich in ein hilfloses Wesen mit kindlichen Zügen verwandeln.

Prävention tut Not, speziell in einer Zeit ohne Zeit, in der Stress den Takt angibt und laute sowie grelle Störungsattacken den Menschen in seiner Freiheit einengen. Besonders gefährdet sind Leistungsträger unterschiedlicher Prägung, die unter einer permanenten Dominanz ihres Kampf- und Fluchtnervs (des Sympathikus) stehen. In der Regel sind bei diesen Aktivisten alle Fluchtkorridore geschlossen, sodass der Erregungszustand des Körpers nicht ausgelebt werden kann, was folgende gesundheitsschädliche Wirkungen nach sich zieht:

- hoher Ruhepuls mit intensivem Sauerstoffverbrauch;
- verminderte allgemeine Belastbarkeit und geringe Leistungsreserven;
- Blutdruckanstieg, verbunden mit einem bedenklichen Arteriosklerose-Risiko;
- reduzierte Sauerstoffversorgung des gesamten Körpers.

In dieser Situation leuchten im Organismus praktisch alle Warnlampen auf, leider jedoch mit der Konsequenz, dass seine Alarmsignale vielfach missachtet werden. Schon die Vernunft gebietet es uns daher, unmittelbar dafür zu sorgen, die überdrehten Aggregate in unserem Körper auf ruhigere Drehzahlen zu fahren, um dem Beruhigungsnerv (Parasympathikus) mehr Möglichkeiten zur Regeneration zu überlassen (siehe auch Seite 81 ff.). Als Antagonist des Kampfnervs kann er dessen Wirkung ausgleichen, ja neutralisieren, damit die Lebens- und Energievorgänge wieder in ruhigeren Bahnen verlaufen können. Der Beruhigungsnerv nimmt die »durchgehenden Pferde« sozusagen wieder an die Zügel, bremst die rasende Fahrt vor dem Abgrund ab und zwar mit folgender Wirkung:

- allgemeine Herzkreislaufberuhigung mit Absenkung von Puls und Blutdruck;
- Beruhigung und Vertiefung der Atmung;
- allgemeine Muskelentspannung;
- verbesserte generelle Sauerstoffversorgung des gesamten Körpers;
- Ausblendung des negativen Gedankenguts und Entwicklung einer neuen Kreativität.

Neue amerikanische Studien weisen aus, dass die Sympathikuswirkung dadurch am stärksten gebremst werden kann, wenn man meditative Techniken gezielt und wiederholt an bedenklichen Schnittstellen des Tages einsetzt. In diesem Buch gehen wir erstmals einen Schritt weiter und potenzieren die präventivmedizinische Wirkung ganz gezielt durch ein Kombinationsverfahren – nämlich durch das RMT *plus* Ausdauertraining –, das die Neutralisationswirkung auf den Stressnerv (Sympathikus) sozusagen verdoppelt. Die präventivmedizinische Wirkung von Ausdauertraining ist seit langem bekannt und durch zahlreiche Studien belegt, denn 4- bis 5-mal je 30 Minuten pro Woche Walking, Jogging oder Radeln reduziert das Herz-Kreislauf-Risiko praktisch auf die Hälfte.

Ausdauertraining und RMT sind die ideale Prävention gegen Herzinfarkt und Schlaganfall.

Nach einem Lauf, einer längeren Fahrradtour oder nach einer forcierten Wanderung folgt unmittelbar über 15 bis 30 Minuten die Mega-Meditation in repetitiver Technik:

- Geh direkt nach der Belastung in die Stille, setz oder leg dich entspannt hin und schließe die Augen;
- synchronisiere das repetitive Atemmuster mit deinem persönlichen Leitsatz oder mit persönlicher repetitiver Musik.

Auf diese Weise erleben wir die schnelle Erholungswirkung unter der Regie des Beruhigungsnervs (Parasympathikus), wodurch die Regenerationszeit nach der körperlichen Aktivität erheblich abgekürzt wird, und zwar in folgenden Stufen:

- Beruhigung und Vertiefung der Atmung;
- Beruhigung und Verlangsamung von Puls, Herzfrequenz und Blutdruck;
- wohltuende allgemeine Muskelentspannung;
- geistige Höhenflüge mit neuem kreativen Gedankengut.

Fazit: Ausdauertraining und RMT sind die Superprävention für Körper, Seele und Geist und machen das Training nach persönlicher

Wahl zum reinsten Vergnügen. Auf diese Weise wird auf extreme Weise der Ausschüttung von Stresshormonen entgegengewirkt und bei regelmäßiger Anwendung die allgemeine Stresstoleranz erhöht.

»Schmetterlinge im Bauch« und der Sympathikus oder Gibt es ein Denken aus dem Bauch heraus?

Neue medizinische Untersuchungen weisen aus, dass Entscheidungen ohne weiteres aus dem Bauch heraus getroffen werden können. Kopf und Bauch arbeiten enger zusammen, als bisherige medizinische Erfahrungen dies belegen konnten. Ausschlaggebend ist die netzartige Versorgung des Bauchraums mit Nerven und verbindenden Ganglien-Stationen, die speziell im Oberbauch in einem sonnenartigen Geflecht (Solarplexus) zusammengezogen sind. Viele Entscheidungen werden von uns aus dem Bauch heraus getroffen. Nach den Forschungen des Neurobiologen Michael Gershon befindet sich in unserem Bauch ein zweites Gehirn, das durch ein eigenes Nervensystem unserer Kopfleistung ebenbürtig ist. Allein ein- bis zweitausend Nervenfasern verbinden das Gehirn mit 100 Millionen Nervenzellen im Dünndarm.

Diese empfindliche Nervenzentrale blieb sogar dem Boxsport nicht verborgen und dient deshalb als spezielles Angriffsziel exakt geführter Schläge, die einen Kämpfer in die Lage versetzen, den Gegner im Ring blitzartig von den Beinen zu holen. Unter Umständen kann eine derartige Attacke sogar tödlich enden, wenn der Sympathikus auf diese Weise seine höchste Erregungsstufe ausspielt. Wie vom Blitz aus heiterem Himmel wird das Herz getroffen und reagiert mit seiner höchsten Erregungsstufe, der Systole (Anspannung), wobei es in dieser Kontraktion stehen bleiben kann.

Auch die eigenartigen »Schmetterlinge im Bauch« flattern in diesem Sonnengeflecht und oft genügt schon ein aufregender Blickkontakt, um diese berühmte innere Unruhe zu verspüren. Ausgelöst wird er über einen Sympathikusreflex (Kampf-Flucht-Reflex), der über die netzartige Struktur des Sonnengeflechts alle Alarmglocken im Bauchraum läuten lässt. Dieses Sonnengeflecht mit seiner intensiven Vernetzung ist der sympathischen Reizleitung angeschlossen und spielt somit eine tragende Rolle in der ausgewogenen Bilanz des gesamten Vegetativums, in dem sich der Kampf- und Beruhigungsnerv wie Antagonisten gegenüberstehen.

Die aktuelle Situationslage des Sonnengeflechts ist von wesentlicher Bedeutung für die Meditation, und aufgrund der anatomischen Lage dieser Nervenzentrale im Bauchraum muss ein enger Zusammenhang zur Atmung und zum Pumpmechanismus des Zwerchfells gesehen werden.

Unter der Vorherrschaft unseres Stressnervs Sympathikus (Kampfnerv) (siehe Seite 82 f.) sind alle Register im Körper auf Aktivität, Leistung und Anspannung geschaltet, ebenso die Atmung und die so wichtige Zwerchfellbewegung. In dieser Ausgangslage, gleichzusetzen mit dem so genannten Wachbewusstsein mit unterschiedlichen Erregungsstufen, kann von zirka 16 Atemzügen in der Minute ausgegangen werden. Dieser Rhythmus lässt sich unter extremer Leistung auf 60 Atemzüge in der Minute steigern. Im Stadium der Meditation geht der Atemrhythmus deutlich zurück und die einzelnen Atemzüge können sich auf vier Aktionen in der Minute reduzieren.

Auch die Zwerchfellaktivität nimmt im meditativen Zustand ab, was eine weitaus geringere mechanische Reizung des Solarplexus zur Folge hat.

Schon Theophastus von Hohenheim, genannt Paracelsus (1493–1541) vermutet, dass der Lebensgeist der Seele in der Mitte des Leibes sitze (*spiritus vitae*). Paracelsus zielt insbesondere auf den »Magenmund« (*cardia*) ab, die »Herzgrube«, das so genannte Hypochondrium, wo Herz und Magen sich sehr nahe kommen, und er vermutet, dass aus dieser Region das eigentliche Denken und Verstehen gesteuert wird.

Im späteren 18. Jahrhundert tritt dann das Gehirn als eigentliches Denkzentrum immer mehr in den Vordergrund und zwischen Aufklärung und Romantik landete das Bewusstsein endgültig im Kopf, während nur noch die Seele im Bauchraum vermutet wurde. Im Mesmerismus (animalistischer Magnetismus) des frühen 19. Jahrhunderts räumte man dem Bauch/Gehirn (*cerebrum abdominale*) mit dem Sonnengeflecht (Solarplexus) allerdings wieder eine führende Rolle gegenüber dem Kopf als Cerebralsystem ein. Aber nicht lange. Denn mit dem 20. Jahrhundert begann das eigentliche »nervöse« Gehirnzeitalter, eingebunden in eine vom zentralen Nervensystem und vom Gehirn gesteuerte Naturwissenschaft, die alle Vorgänge im Bauchraum auf die Nahrungsaufnahme und die notwendige Darmpassage beschränkt, die psychischen Vorgänge jedoch in den erhobenen Höhen des Kopfes ansiedelt und ihnen die bestimmende Einflussnahme auf die Persönlichkeit einräumt.

Körper, Seele und Geist sind jedoch in jedem Falle eine Einheit, und ein Teil ist ohne das andere nicht denkbar, nicht funktionsfähig, wobei der Gesamtorganismus mehr als die Summe der Einzelteile darstellt. In diesem »Mosaikbild« ist der Kopf ebenso wichtig wie der Bauch, kann das Herz nicht ohne die Atmung existieren. In diesem Zusammenspiel unterhält Stress als wesentliches Merkmal für Aktivität und Bewegung eine direkte reflexartige, also automatische Einflussnahme auf alle Körperzellen.

Im Gegensatz hierzu sind, wie bereits mehrfach erwähnt, Ruhe und Entspannung im Sinne der Meditation nicht automatisch über einen Reflexbogen geschaltet, sondern müssen bewusst und zielstrebig von uns gesucht und eingeleitet werden.

Aus der Praxis für die Praxis

Sonnenbaden

Sonnenbaden ist schön, beachten wir allerdings mögliche Risiken, bleibt nicht immer alles eitel Sonnenschein: Zum einen erfahren wir in liegender Position eine bedenkliche Herz-Kreislauf-Belastung und zum anderen sorgt das größer werdende Ozonloch dafür, dass schädliche UV-Strahlen brennglasartig auf die Haut fallen. Treiben wir es also mit dem Sonnenbaden nicht zu weit, damit wir nicht persönlich dafür haften müssen, dass ein bösartiges Hautpigment wild wird und mit seinen schnell sich ausbreitenden Tochtergeschwülsten für ein endgültiges Chaos im Organismus sorgt. Sonnenbaden, richtig dosiert, ist eine Freude und dient nachhaltiger Erholung, wenn Puls und Blutdruck unter Kontrolle bleiben, wenn der Kopf am Ende der Prozedur nicht einer roten Laterne gleicht und wenn man mit Wohlbefinden die Sonnenliege verlässt.

Mit dem RMT beim Sonnenbaden fühlen wir uns ruhig und wohlig. Die Fokussierung von Körper und Geist über Atmung, Leitsatz und eventuell auch leise, repetitive Musik bewirkt eine Entspannung für den gesamten Organismus, mit folgendem Ergebnis:

- Beruhigung von Herz und Kreislauf, auch bei höheren Temperaturen;
- allgemeine Muskelentspannung;
- positives Gedankengut und eine neue Kreativität;
- Herausfallen aus dem Zeitraster, die Zeit bleibt sozusagen stehen – aber Achtung vor dem Sonnenbrand!

8 MUSIK, MUSIK, MUSIK – DAS RMT IN ATEM, TAKT UND KLANG (HERMANN RAUHE)

Musik hat für das RMT-Konzept eine besondere Bedeutung, denn jeder Mensch steht in enger Beziehung zu irgendeiner Musik, die in einer besonders bedeutsamen Situation seines Lebens eine Rolle gespielt hat.

Oft ist es die Begegnung mit einem Menschen, den man zum Beispiel in der Tanzstunde oder bei einem festlichen Ereignis kennen und lieben gelernt hat. Die begleitende Musik dringt tief in unser Herz, in unsere Seele ein und wird nicht vergessen. Sie schwingt in uns nach und begleitet unser Leben. Ja, sie wird zur »Musik des Lebens«. Wenn sie erklingt, öffnet sich unser Herz, wir kommen in Stimmung, fühlen uns ausgelassen, fröhlich, locker und entspannt. Probleme fallen von uns ab, Spannungen lösen sich auf, positive geistige Energien und Emotionen werden freigesetzt, Motivationskräfte spürbar. Diese lebensgeschichtlich geprägte Macht der Musik können wir ohne Mühe aktivieren.

Ihre magische Wirkung entfaltet Musik insbesondere dann, wenn sie mit dem Ur-Rhythmus des Atmens übereinstimmt. Im Folgenden führe ich entsprechende Musikbeispiele auf und beschreibe sie exemplarisch, damit Sie jeweils Ihre ganz persönlich entspannende Musik herausfinden können.

Bedenken Sie dabei aber auch, dass Sie nicht immer in der Stimmung sind, Musik zu hören und auf sich wirken zu lassen. Wir sind – je nach Situation und »Tagesform« – mehr oder weniger aufgeschlossen für Musik – insbesondere für die »Musik des Lebens«, die »unter die Haut geht«, Erinnerungen lebendig werden lässt und Emotionen auslöst: Seien Sie also nicht enttäuscht, wenn sich die meditative und kontemplative Wirkung unserer lebensgeschichtlich bedeutsamen Musik nicht immer voll entfaltet. In diesen Fällen können Sie es mit jener schwingenden, pulsierenden, schwebenden, melodisch kreisenden lebensgeschichtlich »neutralen« Musik versuchen, die ich im Ur-Rhythmus des menschlichen Atems für die diesem Buch beiliegende CD komponiert und auf dem Klavier gespielt habe.

Ihre meditative Wirkung beruht auf einem permanent hin und her pendelnden, »schweifenden Bordun« im Bass. Über ihm »schwebt« eine pentatonisch kreisende Melodielinie. Sie basiert auf dem Prinzip der Wiederholung, so wie unser Atem und unser ganzes Leben durch Rhythmen geprägt wird, die immer wiederkehren: der Herzschlag, der Tagesablauf, der Wochen-, Monats-, Jahres- und Lebensrhythmus.

Am elementarsten zeigt sich das Wiederholungsprinzip in der Musik beim pulsierenden, gleich bleibendem Grundrhythmus (Beat), wie er sich in der Jazz- und Popmusik, Tanz- und Marschmusik findet. Dieser Grundrhythmus beruht auf der gleichmäßigen Wiederholung des Grundschlages. Er erinnert an den typischen Wiederholungsrhythmus der Atmung und an den Herzschlag der Mutter, den das ungeborene Kind im Mutterleib vernimmt und der ihm Geborgenheit gibt. Daher begünstigt er die Regression in einen imaginären Mutterleib (den »magischen Uterus«).

Bei diesem assoziativem Repetitionsmechanismus handelt es sich um eine ganz elementare Form der Entspannung und Stressbewältigung. Die magische Wirkung dieses motorisch-pulsierenden Grundrhythmus wird dadurch verstärkt, dass entweder Pausen eintreten oder durch Betonung einzelner, an sich unbetonter Schläge Synkopen entstehen. Durch den Gegensatz zwischen regulärem, geordnetem, auf gleich bleibender Wiederholung basierendem rhythmischen Geschehen und dessen Unterbrechung oder Durchbrechung verstärkt sich die Wirkung einer Musik im Hinblick auf Entspannung und Stressbewältigung.

Um den verschiedenen lebensgeschichtlichen Musikerfahrungen und -befindlichkeiten entsprechen zu können, sollen im Folgenden einige Beispiele aus den verschiedensten Gattungen entspannender Musik vorgestellt werden:

- Für christlich geprägte Menschen geht zum Beispiel vom gregorianischen Choral eine stark meditative, ebenso entspannende wie geistig-seelisch aufbauende Kraft aus, eine spirituelle Erbauung, die innere Ruhe und Zuversicht vermittelt. Dies gilt auch für viele Spiritual- und Gospel-Melodien, zum Beispiel »Swing low Sweet Chariot« oder »Nobody knows the trouble I've seen«: Beide Melodien sind durch kreisende, schwebende Pentatonik geprägt und wirken besonders entspannend und meditativ, wenn sie von einem permanent hin und her pendelnden, »schweifenden Bordun« begleitet werden. Über dem liegenden, lang ausgehaltenen Grundton pendelt die darüber liegende Quinte zur Sexte aus und schwingt ruhig zwischen beiden Tönen (Quinte und Sexte) hin und her. Vom »schweifenden Bordun« geht besonders dann eine beruhigende, entspannende und meditative Wirkung aus, wenn er von den Hörerinnen und Hörern leise und lauschend mitgesummt wird.

- Auch das russische Volkslied »Oh kommt bald wieder, ihr Lieben« entfaltet seine durch kreisende Melodik bedingte meditative Wirkung vor allem dann, wenn es von einem »schweifenden Bordun« begleitet wird.
- Das alte englische Volkslied »Should old acquaintance be forgot« (»Nehmt Abschied, Brüder«) ist ein Musterbeispiel für repetitive Musik, die beim Hörer oder Mitsingenden spontane pendelnde Körperbewegungen auslöst, insbesondere wenn es mit einem »schweifenden Bordun« begleitet wird.
- Wiegenlieder, zum Beispiel »Schlaf, Kindchen, schlaf«, sind Musterbeispiele für meditative, repetitive Musik. Sie besitzen oft auch eine individuell lebensgeschichtliche assoziative Bedeutung, die ihre Wirkung für den Hörenden noch verstärkt.

In der Musik des Barock, der Klassik und Romantik gibt es eine Fülle von Beispielen für meditative, zum Teil sogar kontemplative Werke. Hierzu gehören als berühmteste Beispiele unter anderem:

- Der *Canon D-Dur* von Johann Pachelbel: Die entspannende, beruhigende und erbauliche Wirkung dieses beliebten Stückes beruht auf dem ständig wiederkehrenden Bass (Ostinato) und seinen typischen fallenden Quarten, die Ruhe und Verlässlichkeit ausstrahlen. Der von Wiederholung zu Wiederholung sich stärker entfaltende Glanz und polyphone Reichtum der hohen Streicher bewirkt durch die Verbindung der Prinzipien »Wiederholung und Steigerung« eine Art »meditativer Faszination«.

- Das »*Air*« aus der *Orchestersuite No. 3 in D-Dur* von Johann Sebastian Bach gehört zu den meistgespielten Werken der Orchesterliteratur überhaupt. Seine Strukturen und seine Wirkung sind ähnlich wie die des Canons von Pachelbel: Über einem ständig wiederkehrenden Bass (Ostinato), der Sicherheit und Vertrautheit signalisiert, entfalten die hohen Streicher eine getragene Kantilene von einzigartiger Schönheit und Ausdruckskraft mit einem sanft ergreifenden, durchdringenden und liebevoll Trost spendenden Charakter.

- Das *Präludium in C-Dur* aus dem *Wohltemperierten Klavier Band 1* von Johann Sebastian Bach zählt zu den populärsten Klavierstücken der Weltliteratur. Die meditative Wirkung dieses Stückes ergibt sich unter anderem aus dem gleich bleibenden fließenden Rhythmus der Akkordbrechungen und der »organisch« und »logisch-konsequent« anmutenden Harmoniefolge.

- Das »*Largo*« aus der *Oper Xerxes* von Georg Friedrich Händel gehört zu den bekanntesten Melodien der gesamten Opernliteratur. Sein Beliebtheitsgrad ist kaum zu überbieten. Unzählige Menschen verknüpfen mit dieser getragenen, ausdrucksvollen meditativen Melodie positive Erinnerungen und intensive, aufbauende Gefühle. Sie vermittelt vielen Menschen Trost und ein Gefühl der Geborgenheit.

- Aus der Fülle der meditativen Musikwerke der Klassik wähle ich nur den 1. Satz aus der *Sonate A-Dur für Klavier* (Köchelverzeichnis 331) und den langsamen Satz aus dem *Klavierkonzert in A-Dur* (Köchelverzeichnis 488) von Wolfgang Amadeus Mozart aus:
  Beide Musikstücke sind ein ideales Beispiel für die Verbindung von ästhetischer und meditativer, kontemplativer Qualität und für die Verbindung von antriebsfördernder und entspannender Wirkung: Entspannend wirken der schwingende

$^{6}/_{8}$-Takt und die kreisende Melodik. Antriebsfördernd wirkt der punktierte sizilianische Tanzrhythmus am Anfang beider Melodien.
Die fast überirdische Schönheit dieser beiden Sätze lässt sich musiktheoretisch keinesfalls beschreiben. Was den Hörer so unmittelbar und tief anrührt und die meditative Wirkung ausübt, ist das Wesen dieser Musik, die alles Leid, alle menschliche Sehnsucht durchschritten zu haben und zu kennen scheint. Sie lässt aber all dieses nicht einfach hinter sich, sondern es sinkt gleichsam auf den Grund. Und über diesem dunklen, schmerzlichen Grund, einer Tiefe, die immer mitschwingt, entfalten sich, wie ein Lächeln unter Tränen, abgeklärt trostreiche Klänge: Die Sehnsucht ist zur Ruhe gekommen, Leid getröstet, Traurigkeit in Liebe aufgehoben ... Die Qualität der Musik steigert die Meditation zur Kontemplation.

- Auch bei Haydn und Beethoven gibt es eine Fülle bekannter Musikwerke, die eine meditative Wirkung im Sinne des RMT auslösen:
  Aus der Fülle sei nur das kleine Klavierstück *»Für Elise«* von Beethoven erwähnt: Diese kleine Komposition erfreut sich ganz besonderer Beliebtheit und wird sowohl im Original als auch in zahllosen Bearbeitungen (z.B. von Richard Clayderman) immer wieder gespielt. Aufgrund dieser Popularität weckt sie für viele Hörerinnen und Hörer persönliche Erinnerungen und Erlebnisse mit diesem Stück. Die meditative Wirkung entsteht unter anderem durch die »schwebende« rhythmische Gestaltung und auch durch die »hemiolische« Spannung zwischen der $^{3}/_{8}$-Takt-Gliederung und der rhythmischen Gestaltung (3 x 3 Sechzehntel).

- Erwähnen möchte ich aus der Fülle der romantischen Klavierstücke das *Impromptu As-Dur Op. 142 No. 2* von Franz Schubert. Die meditative Wirkung dieser besonders beliebten Komposition beruht einerseits auf der Volkstümlichkeit ihrer Melodie

(die sich auf das alte ostpreußische Volkslied »Oh, schenk mir dein Herz, nimm mein Herz dafür« stützt), zum anderen auf dem sarabandenähnlichen Grundrhythmus, der sich durch den ersten Teil zieht.

- Auch die *»Träumerei«* von Robert Schumann (aus den *Kinderszenen Op. 15*) gehört zu den beliebtesten Werken der gesamten Musikliteratur. Deshalb gibt es unzählige Bearbeitungen für die verschiedensten Instrumente. Am verbreitetsten ist diejenige für Cello und Klavier. Die weit geschwungene Melodie wirkt befreiend und öffnet unser Herz.

- Zu diesen beliebten meditativen Klavierwerken der Romantik gehört auch das *Prélude e-Moll* von Frédéric Chopin. Das repetitive Element liegt in der Begleitung, die in Achteln kontinuierlich durchläuft und uns durch die in Sekundschritten abwärts steigende Basslinie Sicherheit, Geborgenheit und Vertrautheit signalisiert.
  Repetitiv wirkt auch die klagende »Melodiestimme«, die vier Takte lang um das »h« kreist. Dieser Ton erscheint aber von Takt zu Takt in neuem Licht und verwandelt sich durch die behutsam sich entwickelnde Harmonik der Begleitung in der linken Hand. In dem melancholischen Ausdrucksgehalt dieser ungewöhnlichen Komposition finden sich viele depressive Menschen wieder. Indem sie sich verstanden fühlen, beginnen sie langsam, ihre bedrückende Stimmung zu überwinden.
  Wichtig ist auch der Takt 12, in dem die Begleitung aussetzt und die Melodie sich »einsam« entfaltet: Hier findet sich der einsame und verlassene Mensch besonders verstanden und empfindet es als Trost, dass gleich im nächsten Takt die Begleitung wieder einsetzt, zusammen mit dem vertrauten Melodieanfang. Auf diese Weise fühlt er sich geborgen und angenommen. Ein entsprechender Eindruck wird vom Schluss der Komposition vermittelt: Auf den unaufgelösten »fremden« Septakkord folgt eine intensive Generalpause, die das

Alleinsein, die Einsamkeit zum Ausdruck bringt. Aber auch diese Einsamkeit wird wiederum überwunden durch die im Pianissimo gespielte Akkordfolge des Schlusses, die in der »geborgenen« Tonika (Grundakkord) endet.

- Auch das *Prélude Des-Dur*, das so genannte *»Regentropfen«-Prélude* von Chopin basiert auf repetitiven Strukturen: Die permanente Tonwiederholung (das As in der linken Hand) ruft die Assoziation der Regentropfen hervor, die an die Scheibe klopfen. Die Melodie in der rechten Hand, rhythmisch geprägt durch die Punktierung, vermittelt den Trost vor dem Hintergrund dieser repetitiven Struktur der Begleitung dadurch, dass wir uns in unserer latenten Traurigkeit verstanden fühlen.

- Zum Reigen der meistgespielten und beliebtesten Stücke der Romantik gehört der *Walzer A-Dur zu vier Händen No. 15* von Johannes Brahms. Gerade dieser Walzer spielt in der Hausmusik seit Ende des vorletzten Jahrhunderts eine zentrale Rolle. Deshalb verknüpfen sich mit diesem Werk für viele Menschen positive Erinnerungen und angenehme Gefühle.
  Die strukturellen Gründe für die therapeutische Wirkung des Walzers liegen unter anderem in dem schwingenden Dreiertakt (Walzertakt), der einen schwebenden, ruhig kreisenden seelischen Zustand auslöst; in der pendelnden Melodieführung, die am Anfang zwischen Terz und Grundton hin und her pendelt; und in den Sextparallelen zu Beginn des Walzers, die durch die Verschmelzung von Melodie und Begleitstimme ein Gefühl des Eingebundenseins und damit der Geborgenheit vermitteln.

- Der *»Liebestraum«* von Franz Liszt *(Notturno No. 3 As-Dur Op. 62)* zählt ebenfalls zu den beliebtesten Klavierwerken der europäischen Musikliteratur. Die Komposition wurde – wie andere programmatische Werke von Franz Liszt – angeregt durch ein Gedicht von Ferdinand Freiligrath, dessen erste Strophe lautet:

Oh lieb', solang du lieben kannst!
Oh lieb', solang du lieben magst!
Die Stunde kommt, die Stunde kommt,
wo du an Gräbern stehst und klagst!

Und sorge, daß dein Herze glüht
und Liebe hegt und Liebe trägt,
solang ihm noch ein ander Herz
in Liebe warm entgegenschlägt!

Wegen ihrer ungewöhnlichen Popularität ist die Melodie vielen Menschen vertraut und verknüpft sich mit intensiven Erlebnissen überwiegend poetischer, zärtlicher und sensibler Art. Zu den entspannend wirksamen Strukturen gehören unter anderem der gefühlvolle Sextsprung zu Beginn, die Betonung der Terz (melodische 3. Stufe), die Tonwiederholung in Verbindung mit dem harmonischen Wandel und der schwingende, kreisende Sechsvierteltakt.

- Für sangesfreudige Menschen spielen vor allem jene vertrauten und bekannten *Volkslieder* eine Rolle, die in der Kinder- und Jugendzeit, aber auch später von ihnen gesungen wurden und sich tief in das Herz gesenkt haben. Sie verknüpfen sich oft mit Gemeinschaftserlebnissen in der Familie, in der Jugendgruppe, im Chor oder auf erlebnisreichen Gruppenreisen. »Singen ist die erste und eigentliche Muttersprache, Singen ist deshalb die Universalsprache aller Menschen und trägt zur Versöhnung unter den Völkern bei.« (Yehudi Menuhin)

Es geht dabei um das schlichte, alltägliche Singen von Volksliedern, Chorälen und Kanons. Die repetitive Gattung des Kanons ist das bekannteste Beispiel für das Wiederholungsprinzip in der Musik: Eine gleich bleibende Melodie wird zeitversetzt von verschiedenen Stimmen gesungen und fügt sich damit zu einem mehrstimmigen harmonischen Ganzen zusammen durch die Einheit in der Vielfalt Gleichgesinnter und Gleichgestimmter. Deshalb bewirkt das Kanonsingen die Entstehung eines Gemeinschaftsgefühls.

Diese Erfahrung mache ich selbst immer wieder beim Kanonsingen in der Hauptkirche St. Michaelis in Hamburg: Durch das gemeinsame lauschende Singen eines einfachen, leicht singbaren liturgischen Kanons, z.B. Halleluja oder Gloria, entwickelt sich die Menschenmenge aus zusammengewürfelten Touristen, die den Michel eigentlich nur besichtigen wollen, zu einer Art »Gemeinde«. Jedenfalls entsteht ein Gefühl der Geborgenheit in der Gemeinschaft, das die Isolation in der »einsamen Masse« überwindet und dadurch entspannend und stressmindernd wirken kann.

Das *Prinzip der Wiederholung* gehört zu den wichtigsten Grundlagen der gesamten Abendländischen Musik, nicht nur der »klassischen« Musik, der »E-Musik«, sondern auch der »U-Musik« (Unterhaltung), wobei ich mich gegen die strikte Unterscheidung dieser beiden Bereiche vehement wehre.

Für den gesamten Bereich *Jazz, Popmusik und Schlager* ist das Wiederholungsprinzip die entscheidende Grundlage: Deshalb geht gerade von dieser bewegungsauslösenden Musik eine große repetitive Wirkung aus, die zum Teil antriebsfördernd und motivierend, zum anderen Teil meditativ, entspannend und befreiend sein kann. An zwei Beispielen aus dem Bereich *Evergreen* möchte ich das Prinzip Wiederholung und seine Bedeutung für die Stressbewältigung und Entspannung nach dem Konzept des RMT erläutern:

Das erste Beispiel ist der Evergreen *»Tea for two«* aus dem Musical *No, no, Nanette* (Musik von Irving Caesar), 1925 am Broadway uraufgeführt. Er wurde zu einem der weltweit beliebtesten Evergreens überhaupt. Grundlage dieser Melodie ist ein zweitaktiges Motiv, das aus nur drei verschiedenen Tönen und einem motivierenden Rhythmus besteht. Hierauf ist die besondere Einprägsamkeit des Motivs zurückzuführen, das unmittelbar »unter die Haut und in die Beine geht«. Das Motiv wird zwei Mal wiederholt. Die zweite Wiederholung mündet in einer überraschenden Wendung (Sextsprung) in einen lang ausgehaltenen Ton, der das bisherige rhythmisch-melodische Geschehen unterbricht. Hinzu tritt der unvermittelte Wechsel in eine andere Tonart. Und hier wiederholt sich das Geschehen: Das Motiv wird zwei Mal wiederholt und an die zweite Wiederholung schließt sich erneut ein Sextsprung in einen lang anhaltenden Ton an. Diese Rückung führt zur Rückkehr in die ursprüngliche Tonart. *Es geht hier um den Modellfall der Wiederholung einer Wiederholung, die von besonderer Bedeutung für die Entspannung und Stressbewältigung ist.*

Hinzu kommt die Tatsache, dass das zugrunde liegende Motiv bereits in sich auf einer Wiederholung beruht: Die drei Töne des Schlagwortes »Tea for two« werden wiederholt, und erst durch die Wiederholung dieser drei Eingangstöne entsteht das komplette Grundmotiv, aus dessen Wiederholung sich die Melodie ergibt, die ich eben in ihrer Struktur beschrieben habe. Es geht hier also um eine »potenzierte« Wiederholung, die sich auf drei Ebenen vollzieht:

1. die Wiederholung des gesungenen Schlagworts »Tea for two«, aus der sich die »Schlagzeile« des erfolgreichen Evergreens ergibt;
2. die zweimalige Wiederholung dieses kompletten Grundmotivs mit anschließender Durchbrechung und Modulation in eine andere Tonart;
3. die Wiederholung dieses sechstaktigen Wiederholungsschemas in dieser neuen Tonart.

Der sensationelle Welterfolg dieses Evergreens dürfte nicht zuletzt auf diesem potenzierten Wiederholungsmuster beruhen – mit optimal entspannender Wirkung für jeden, der ihn hört.

Als zweites Beispiel eines erfolgreichen Evergreens mag der Titel *»Strangers in the Night«* gelten. Auch diese Melodie beruht auf einer »potenzierten« Wiederholung auf drei Ebenen:

1. Zwei Töne pendeln hin und her und sind als repetitive Struktur besonders relevant für die Entspannung und Meditation nach dem RMT-Konzept.
2. Das Grundmotiv, das sich aus der Wiederholung der Keimzelle der Melodie (erste Ebene) ergibt, wird zweimal wiederholt. An die zweite Wiederholung schließt sich (wie bei »Tea for two«) ein Sextsprung in einen lang ausgehaltenen Ton an. Die gesamte achttaktige »Sequenz« (Motiv-Wiederholung) wird nun einen Ton höher komplett wiederholt: Diese Wiederholung der Wiederholung wirkt nicht nur sehr einprägsam und führte zum ungewöhnlichen Erfolg dieses Evergreens, sondern gewinnt ebenfalls eine nachhaltige Bedeutung für die Entspannung und die Stressbewältigung.

Wie sehr das Prinzip »Wiederholung« die Erfolgsgrundlage für populäre Pop- und Schlagermelodien bildet, habe ich ausführlich in meinem Buch *Popularität in der Musik* dargestellt.

Das Prinzip der Wiederholung spielt auch in der *Kunstmusik des 20. Jahrhunderts* eine zentrale Rolle, vor allem im *Minimalismus,* eine Stilrichtung, die durch Wiederholung kleinster musikalischer Gestalten (Melodien, Harmonien, Rhythmen), so genannter »Patterns«, charakterisiert ist. Am bekanntesten und für das Konzept des RMT am geeignetsten ist die durch Repetition von Patterns (Mustern) geprägte Musik von Steve Reich, Philipp Glass und John Adams.

Aus den vielen geeigneten Beispielen für repetitive-meditative Musik im 20. Jahrhundert greife ich das berühmte Klangstück *»Vexations«* von Eric Satie heraus, das 240 Mal wiederholt wird und 12 Stunden lang erklingt: Es versetzt den Pianisten und die Hörerinnen und Hörer in eine Art Trancezustand.

So weit nun der kurze Reigen durch die »atemberaubende«, aber auch »Atem gebende« Welt der Musik mit ihrer schier unerschöpflichen Vielfalt und Schönheit, die unser Herz stets aufs Neue zu berühren vermag. Lassen Sie sich von ihr bewegen – ganz im Sinne des RMT – und hinführen zu dem, was Ihre momentane meditative Kraft am wirksamsten zur Entfaltung bringt. Über Atem, Takt und Klang, über Atem, Takt und Klang, über Atem, Takt und Klang ...

9 GLÜCK UND GUTE STIMMUNG DURCH MEDITATION

Entgegen allgemeiner Meinung sind es weniger die äußeren Faktoren, die unsere Stimmungslage bestimmen, glückliches Befinden wird vielmehr vom Konditionszustand des gesamten Organismus gesteuert. Gute oder schlechte Laune wechseln einander ab, unsere Stimmungsbarometer schwanken zwischen Hoch und Tief und vielfach wissen wir kaum den wahren Grund für eine depressive Befindlichkeitsstörung auszumachen. Stimmungsforscher haben herausgefunden, dass die aktuelle körperliche Verfassung ein Spiegelbild unseres Gemütszustandes darstellt. Dieser wird aufrechterhalten vom allgemeinen Spannungszustand des Körpers, der entscheidend auf Bewegung, auf die optimale Energieversorgung durch ausgewogenes Essen, erholsamen Schlaf und nicht zuletzt auf Ruhe, Erholung und Meditation reagiert.

Grundsätzlich wechselt unsere Kondition zwischen Anspannung und Entspannung, wobei nach erschöpfter Arbeitsleistung eine Zeit der Ruhe und Entspannung folgen muss, in der die erschöpften Energiereserven regeneriert werden können. Der Stimmungsforscher Robert Thayer von der kalifornischen Universität Long Beach unterscheidet bei der körperlichen Befindlichkeit vier Kategorien:

- *Entspannt-energisch:* Der Körper ist ausgeruht und voller Energie. Der Energietank ist optimal gefüllt und jederzeit kann eine geistige und körperliche Leistung abgerufen werden. Locker und gelöst gehen wir die anstehenden Aufgaben an, wir sind »in the mood«.

- *Entspannt-müde:* Die Energiedepots sind verbraucht, wir sind rechtschaffen müde und abgearbeitet. Wir freuen uns auf die wohlverdiente Ruhe, und solange wir uns der Müdigkeit hingeben können, besteht nicht die Gefahr eines »Burn-out-Syndroms«.
- *Angespannt-energisch:* Wir sind zwar voller Energie und Tatendrang, aber ständig im Stress, weil ein permanenter Leistungs- und Termindruck körperliche Entspannung und klares Denken ausschließen. Die Muskeln sind verkrampft, der Blutdruck ist erhöht, der Herzschlag ständig beschleunigt, wir sind unkonzentriert und können in der Situation wahres Glück nicht mehr wahrnehmen. Diese negative Grundstimmung kann jederzeit in die Depression abrutschen und spiegelt die heutzutage oft anzutreffende rastlose Arbeits- und Lebensweise.
- *Angespannt-müde:* Alle Energiereserven sind aufgebraucht, aber der Stress hält unaufhörlich an, weil die ausgleichende Zeit der Erholung fehlt. Dieser nervöse und körperliche Erschöpfungszustand entspricht dem Burn-out-Syndrom mit einem erhöhten Herzinfarkt- und Schlaganfallrisiko, wobei dieser Zustand nicht selten ebenfalls in der Depression endet.

Unsere jeweilige körperliche Verfassung ist es also, die unsere aktuelle Stimmung entscheidend beeinflusst und darüber bestimmt, ob wir glücklich, gut gelaunt oder missmutig und unglücklich sind. In dieser Situation angespannter Müdigkeit gehen aufmunternde Appelle wie »Nicht so schlimm, das schaffst du schon!« meist ins Leere. Sie werden kaum noch wahrgenommen, weil unsere körperliche Verfassung auf unsere Gedanken reagiert, das heißt: Fühlen wir uns körperlich müde und abgeschlagen, dann ergreifen auch negative Gedanken und ein allgemeines Unlustgefühl von uns Besitz.

Von Natur aus sind wir jedoch Hedonisten, das heißt lustorientierte und Unlust vermeidende Wesen, die stets darum bemüht sind, möglichst lange »gut drauf« zu sein, und miesen Zuständen auszuweichen. Stimmungsaufhellend wirken deshalb alle körperlichen Techniken, die in der Lage sind, Stress abzubauen, wie zum Beispiel ein allgemeines Bewegungstraining bzw. seine unmittelbare Kombination mit dem RMT.

Jeder von uns kennt das gelöste Entspannungsgefühl, das sich nach einem längeren Spaziergang, nach einer Walking- oder Joggingrunde oder schon während einer Radtour einstellt, wobei allerdings ein Zeitaufwand von 30 bis 60 Minuten schon investiert werden sollte (siehe auch Seite 117). Diese Form des Stressausgleichs lässt sich wohl am Wochenende oder einem anderen freien Wochentag während des Berufslebens realisieren, nicht aber regelmäßig bei einem intensiven Arbeitsprogramm unter der Woche. Müde und abgespannt kommt man nach Bewältigung des Tages nach Hause und da fällt es dann nicht immer leicht, den gemütlichen Sessel zu verlassen, um ihn gegen eine Laufrunde im Stadtpark oder ein Ergometertraining im Keller auszutauschen.

In unserer rastlosen Welt ist es vielfach ein Zeitproblem, sich mit Ausgleichsübungen ausreichend zu befassen und auseinander zu setzen. Konferenzen und Seminare reichen oft bis in die Nachtstunden hinein. Hinzu kommt bei vielen Berufstätigen eine intensive Reisetätigkeit im Beruf, häufig verbunden mit langen Wartezeiten, Zwangspausen und endlosen Verhandlungen, wobei Letztere zudem mit unendlicher Geduld und großem Einfühlungsvermögen geführt werden müssen. In dieser Rastlosigkeit fehlt uns die Zeit, weil sie mit zwanghaften Aktivitäten besetzt ist.

Stressmanagement unter Zeitnot kann optimal durch das RMT gelöst werden, weil wir schon nach kurzer Übungszeit (ca. 15 Minuten) in der Lage sind, in das Stadium der energievollen Entspannung zurückzukehren. Diese spezielle Form des Stressausgleichs ist auf keine spezielle Kleidung angewiesen, sie bedarf keiner Extravorbereitung, man kann unmittelbar im Beruf oder auf Reisen mit den Ausgleichsübungen beginnen und das praktisch an jedem Ort, zu jeder Tages- und Nachtzeit rund um die Uhr nach dem Motto:

- Begib dich an den Rand des hektischen Alltags, setz dich entspannt hin und schließe die Augen;
- synchronisiere in repetitiver Technik Atmung, persönlichen Leitsatz oder ausgewählte repetitive Musik und warte darauf, dass eine frohe und gelöste Stimmung einsetzt.

Diese Stimmung stellt sich ein, sobald im Körper automatisch folgende Prozesse ablaufen:

- Beruhigung und Vertiefung der Atmung;
- Absinken des Blutdrucks und des Pulsschlags;
- allgemeine Muskel- und Gelenkentspannung;
- Ausblendung der Sorgen und Ängste und Ausbreitung von Wohlgefühl.
- Gewinn von Muße und Zeit

Wenn wir auf diese Weise dafür sorgen, dass unsere verbrauchten Energiedepots schnellstens erneuert werden, kehren gute Laune und ein allgemeines Glücksgefühl zurück. Wir spüren wieder Energie und Lust aufs Leben.

10 Das RMT im Überblick

Die wichtigsten Stationen und Auswirkungen des RMT werden im Folgenden nochmals schlagwortartig aufgeführt, um sie leichter verinnerlichen bzw. anwenden zu können. Die anschließende alphabetische Auflistung ermöglicht ein schnelles Auffinden der einzelnen Übungen, die in diesem Buch unter der jeweiligen Rubrik »Aus der Praxis für die Praxis« geschildert wurden.

Wir wünschen viel Freude beim Ausprobieren und Experimentieren mit dem RMT und seinen verblüffenden Möglichkeiten.

- Das RMT ist ein Training für Körper und Geist durch Loslassen und Nichtstun, ein Geschenk also, das uns bereits von der Mutter mit in die Wiege gelegt wurde. Dieses frühkindliche Lernprogramm ist nachhaltig im Gehirn gespeichert und somit rund um die Uhr präsent. In einer Zeit voller Stress gilt es, diese frühkindlichen Lernprogramme nur neu zu kultivieren, um sie dann in unterschiedlichen Stresssituationen abrufen zu können. Der problemlose Einstieg in das RMT sichert einen schnellen Erfolg, ohne langes Lernen, ohne den Besuch zeitintensiver Seminare.

  Wir brauchen nur die gespeicherten Erinnerungsbilder aus der Kindheit abzurufen und Folgendes zu tun:

  - Geh in die Stille, schließe die Augen und fahre all deine Antennen ein.
  - Zieh dich über die Hockposition in deinen »imaginären Uterus« zurück, setz oder leg dich entspannt hin.

- Konzentriere dich auf den zentralen Vorgang der Ein- und Ausatmung.
- Nimm einen für dich stimmigen Leitsatz hinzu, der nur im Innern formuliert wird, oder ergänze das RMT mit repetitiven Bewegungen, Stimmungsbildern bzw. mit repetitiver Musik.

- Bereits nach 15 Minuten wechselt das aktuelle Bewusstsein in ein meditatives Stadium über; der stressempfindliche Kampfnerv (Sympathikus) verliert seine Regie über den Körper und der Stress abwehrende Beruhigungsnerv (Parasympathikus) schaltet sich ein.

- Mit dem RMT tut sich eine völlig neue Kraft- und Lebensquelle auf, die wir unmittelbar und ohne viel Zeitverlust, ohne Anstrengung und Mühe erreichen können. Für die Körperzellen sinkt auf diese Weise der allgemeine Sauerstoffverbrauch zwischen 10 und 17 Prozent.

- RMT ist eine erholsame »Sauerstoffdusche«, die ohne Mühe und Schweiß funktioniert.

- RMT befreit psychisch und körperlich. RMT macht glücklich.

- Die Gedanken sind frei, Sorgen und Ängste weichen einer neuen Kreativität.
  Herz und Lunge regenerieren sich, Blutdruck, Puls und Atmung legen einen Schongang ein.
  Muskeln und Gelenke entspannen sich und eine völlig neue Bewegungsfreiheit gewinnt Raum.
  Die Zeit erhält ein neues Taktmaß, die Uhr wird für eine Weile angehalten.

- RMT überwindet Stress und sorgt für eine neue Form von Gelassenheit im Leben.

→ »Topfit durch Nichtstun« werden wir durch das RMT in den Übungen zu folgenden Themen:

Bergsteigen S. 53 ff.

Erlebnissteigerung im Konzert S. 76 ff.

Flugangstbewältigung S. 88 f.

Herzinfarkt- und Schlaganfallprävention S. 115 ff.

Lampenfieber, Prüfungsangst S. 36 f.

Leistungssteigerung im Sport S. 50 ff.

Megaschlaf während der Pause am Arbeitsplatz S. 64 ff.

Megaschlaf während der Pause auf der Autobahn S. 68 ff.

Schlafstörungen S. 42 ff.

Schöpferische Pausen S. 24 ff.

Seekrankheit S. 96 f.

Sonnenbaden S. 121

Tinnitus S. 103 ff.

Ultrakurzmeditation S. 26 f.

ERLÄUTERUNGEN ZUR PRAKTISCHEN NUTZUNG DER CD

Titel 1:* Einführung *von Gerd Schnack

Atmung und Musik sind zwei Schwingungsebenen, die sich durch Synchronisation zu einer Einheit, zur Resonanz mit meditativer Wirkung vereinigen können. Das repetitive Atemmuster sucht die körperliche Projektion, während die repetitiven Strukturen der Musik zur Beruhigung und Entspannung aller geistigen Aktivitäten beitragen.

Setzen Sie sich entspannt hin und schließen Sie die Augen.

Synchronisation heißt, dass Sie jetzt versuchen, Ihre Ein- und Ausatmung mit Rhythmus und Melodiesequenzen in Übereinstimmung zu bringen. Bei Beginn der Übung atmen Sie gewöhnlich 16-mal ein und aus. Repetitive Meditation bewirkt eine Beruhigung und Verlangsamung der Atmung, darauf stellt die Musik sich ein. Auf diese Weise entspannen Sie sich körperlich und ein negatives Gedankengut wird durch eine neue Freiheit des Denkens ersetzt.

Titel 2:* Meditative Improvisation *von Hermann Rauhe

Die Klavierimprovisation bringt in ihrer kreisenden, schwingenden Melodieführung und pendelnden Harmonik unsere Ein- und Ausatmung mit der Musik in Einklang. Die Musik vermittelt klanglich das, was Gerd Schnack mit seinem Repetitiven Meditationstraining anstrebt: Entspannung, Meditation und Kontemplation.

Wenn wir uns der Musik hingeben und auf ihren Rhythmus einlassen, kehrt Friede in uns ein.

Titel 3:* Wiegenlied für Klavier *von Hermann Rauhe

Die Begleitung mit dem »schweifenden Bordun« (dem liegenden Basston und dem Pendeln zwischen Quinte und Sexte) unterstützt die meditative Wirkung der kreisenden, friedlichen und tröstlichen Melodie.

Die ausklingende Wiederholung am Schluss bringt uns zu Ruhe und Entspannung.

Titel 4:* Liebeslied ohne Worte *von Hermann Rauhe

Die innige Melodie der Liebe ruht in sich und strahlt Ruhe, Zuversicht, Hoffnung und Vertrauen aus.

Titel 5:* Repetitive Melodien, *von Hermann Rauhe am Klavier improvisiert für die Repetitive Meditation

Die kreisende Melodieführung, der »schweifende Bordun« der Begleitung, die vielen Wiederholungen und das »fade out« (Ausblenden) bringen die Ein- und Ausatmung mit der Musik in Einklang.

Titel 6: Chopins* Nocturne Fis-Dur *(Viktoria Lakissova, Klavier)

Das poetische Musikstück holt uns bei unserer immer noch vorhandenen Unruhe und Spannung ab und führt uns langsam und schrittweise in die meditative Entspannung.

Titel 7: Skrjabins* Etüde Fis-Dur *(Viktoria Lakissova, Klavier)

Diese Musik bringt die widerstreitenden Gefühle und Regungen in uns zum Ausdruck. Wir fühlen uns durch die Musik verstanden und lassen uns ein in die Freiheit des Denkens, die zur meditativen Entspannung führt.

Titel 8: Mozarts* Langsamer Satz der Klaviersonate D-Dur, *Köchelverzeichnis 576 (Viktoria Lakissova, Klavier)

Die helle, leuchtende Musik Mozarts mit ihrer kristallinen Klarheit befreit uns von allen negativen Gedanken. Die scheinbar unbeschwerte Musik ist aber nicht oberflächlich und vordergründig. In ihr schwingt eine Tiefe mit, die um alles menschliche Leid zu wissen scheint; es ist Musik, in der Liebe klingende Gestalt gewinnt und die immer wieder Transzendenz durchschimmern lässt: Sie eröffnet einen Blick ins Paradies.

Titel 9: Chopins* Prélude E-Moll *(Viktoria Lakissova, Klavier)

Auch in diesem Musikstück schwingt tiefes menschliches Leid mit. Indem es klangliche Gestalt annimmt, weist es den Weg zu Überwindung und Befreiung. Die rhythmisch pulsierende Begleitung bringt unsere Ein- und Ausatmung in Einklang mit der Musik.

Titel 10: Chopins* Prélude Des-Dur, *»Regentropfen« (Viktoria Lakissova, Klavier)

Auch hier ist der Ausgangspunkt tiefes menschliches Leid, das in wunderbarer, eindrucksvoller Weise Ausdruck gewinnt, uns ganz ergreift, unsere Ein- und Ausatmung musikalisch synchronisiert und uns in eine tiefe repetitive Meditation versetzt: Sie gewinnt die Qualität einer ganzheitlichen Kontemplation, die uns öffnet, befreit und uns über uns hinauswachsen, transzendieren lässt. Geist, Seele und Körper werden eins durch die harmonisierende Macht der meditativen Musik.

LITERATUR

Anderson, B.: *Stretching*, Oesch, Zürich 1996

Benson, H.: *Heilung durch Glauben*, Heyne, München 1998

Csikszentmihalyi, M.: *Flow*, Klett-Cotta, Stuttgart [8]1999

Csikszentmihalyi, M.: *Kreativität*, Klett-Cotta, Stuttgart [5]2001

Cooper, K.H.: *Bewegungstraining ohne Angst*, BLV, München/Wien/Zürich 1986

Decker-Voigt, H.H.: *Aus der Seele gespielt*, Goldmann, München 1996

Gershon, M.: *Der kluge Bauch*, Goldmann, München 2001

Hegi, F.: *Improvisation und Musiktherapie*, Junfermann, Paderborn 1986

Hoffmann, K.: *Trance und Tanz*, Kösel, München 1993

Hollmann, W./Hettinger, Th.: *Sportmedizin. Grundlagen für Arbeit, Trainings- und Präventivmedizin*, Schattauer, Stuttgart [4]2000

Israel, S. u.a.: »Die Trainierbarkeit in späteren Lebensabschnitten«, in: *Medizin und Sport 22*, 1982, S. 90–93

Luks, A.: *Der Mehrwert des Guten*, Herder, Freiburg 1998

Merritt, S.: *Die heilende Kraft der klassischen Musik*, Kösel, München 1998

Mundy, L.: *Prayerwalking*, Abbey Press, St. Meinrad/IN, 1994

Prokop, L.: *Einführung in die Sportmedizin für Ärzte, Sportler und Übungsleiter*, Stuttgart 1977

Rauhe, H.: »Jung und gesund bleiben durch Musik und Bewegung«, in: *Musik-, Tanz- u. Kunsttherapie*, Jahrg. 10, Heft 1, Hogrefe, Göttingen 1999

Rauhe, H.: *Musik hilft heilen*, Arcis, München 1993

Rauhe, H.: *Musik im Netzwerk von Wissenschaft und Praxis*, Schott, Mainz 2000

Reimann, M.: *Entdecke die Musik in dir*, Kösel, München 1998
Schnack, G.: »Gesundheit und Lebensfreude durch Musik und Bewegung«, in: *Musik-, Tanz- und Kunsttherapie*, Jahrg. 10, Heft 1, Hogrefe, Göttingen 1999
Schnack, G.: *Intensivstretching und Ausgleichsgymnastik*, Deutscher Ärzte-Verlag, Köln [2]1994
Schnack, G.: *Fit in 7 x 7 Sekunden*, Kösel, München 2000
Schnack, G.: *Gesund und entspannt musizieren*, Fischer, Stuttgart 1994
Sölweborn, S./A.: *Das Buch vom Stretching*, Mosaik, München 1982
Tittel, K.: *Beschreibende und funktionelle Anatomie des Menschen*, Urban & Fischer, München [13]2000
Tomatis, A.: *Klangwelt Mutterleib*, Kösel, München 1994
Tomatis, A.: *Der Klang des Lebens*, Rowohlt, Reinbek 1990
Verny, T. u. Kelly, J.: *Das Seelenleben des Ungeborenen*, Rogner & Bernhard, Hamburg 2000
Wagner, Chr.: »Disziplin und Ekstase – terry riley oder minimal music als Gegenkultur«, *Neue Zeitschrift für Musik*, Nr. 5, Schott, Mainz 2000
Weineck, J.: *Sportanatomie*, Spitta, Balingen [14]2001
Wilson, P.N.: »Der reduktionistische Impuls«, in: *Neue Zeitschrift für Musik*, Nr. 5, Schott, Mainz 2000
Wirhed, R.: *Sport-Anatomie und Bewegungslehre*, Schattauer, Stuttgart [3]2001

DANK

Unser besonderer Dank gilt vier Frauen, die wesentlich zum Gelingen dieses Buches beigetragen haben. Durch ihr unermüdliches Festhalten an der Idee und praktischen Nutzung des Repetitiven Meditationstrainings haben sie uns die Arbeit leicht gemacht und die Umsetzung letztendlich ermöglicht.

Ulrike Reverey im Kösel-Verlag war nicht nur eine überzeugende Lektorin, sondern auch eine ständige Ratgeberin für die praktische Gestaltung.

Stets standen uns bei der Arbeit unsere Ehefrauen *Annemarie* und *Kirsten* mit Liebe und Verständnis zur Seite und haben uns hierdurch immer ermutigt.

Viktoria Lakissova, unsere brillante Pianistin aus St. Petersburg, trug durch ihre künstlerische Gestaltung schließlich entscheidend zum Gelingen des Gesamtwerkes bei.

Gerd Schnack
Hermann Rauhe

ZUR PERSON

Prof. Dr. Dr. h.c. Hermann Rauhe ist Musikwissenschaftler und Wirkungsforscher im Bereich Musiktherapie und Prävention; em. Professor der Universität Hamburg und Präsident der Hochschule für Musik und Theater Hamburg; Vizepräsident der Deutschen Gesellschaft für Präventivmedizin und Präventionsmanagement; Präsident des Kuratoriums der Deutschen Phono-Akademie; Vizepräsident der Internationalen Mendelssohn-Gesellschaft; Stiftungsratsvorsitzender des »Schleswig-Holstein-Musik-Festival« und war Mitglied des ZDF-Fernsehrates. Er ist Verfasser einer Vielzahl von Publikationen zur Musikwissenschaft, -pädagogik und -therapie; Komponist des Friedensmusicals *Gesang der Sterne*; Autor und Interpret zahlreicher Musikproduktionen. 1995 erhielt er von der Deutschen Gesellschaft zur Förderung der Medizinischen Diagnostik e.V., Stuttgart die *Medica-Verdienst-Plakette* für die Mitwirkung bei der Weiterentwicklung der Musiktherapie in Forschung und Lehre.

Viktoria Lakissova wurde in ihrer Heimatstadt St. Petersburg sowie an der Hochschule für Musik und Theater in Hamburg zur Konzertpianistin ausgebildet und schloss ihr Studium mit dem Konzertexamen ab, das sie *»mit Auszeichnung«* bestand. Aufgrund ihrer herausragenden Begabung erhielt sie mehrere Stipendien, u.a. von der Oscar und Vera-Ritter-Stiftung, Hamburg. Im Verlauf ihrer Karriere gewann Viktoria Lakissova zahlreiche Preise bei internationalen Wettbewerben und konzertierte als Solistin und Kammermusikerin in vielen europäischen Ländern. Für das vorliegende Buch interpretierte sie die Titel 6 bis 10 auf der beiliegenden CD.

Prof. Dr. Gerd Schnack ist Präventiv- und Sportmediziner und Facharzt für Chirurgie/Unfallchirurgie; Dozent für Musikmedizin an der Hochschule für Musik und Theater, Hamburg; Präsident der Deutschen Gesellschaft für Präventivmedizin und Präventionsmanagement e.V.; tätig am Institut für Gesundheitsförderung in Hamburg und am Allensbacher Präventionszentrum. Er ist Autor zahlreicher Sach- und Fachbücher im Bereich der Prävention und veranstaltet kontinuierlich Seminare im In- und Ausland. Das von ihm entwickelte Repetitive Meditationstraining (RMT) ist ein wesentlicher Baustein seiner Aktivitäten im Rahmen einer ganzheitlichen Gesundheitsförderung .

Individualcoaching, speziell zum Thema »Meditations- und Ausdauertraining als Superprävention im Herz-Kreislaufsektor«, am Bodensee.

Weitere Informationen: Allensbacher Präventionszentrum
Prof. Dr. Gerd Schnack
Hirschweg 15, D-78476 Allensbach/Bodensee
Tel.: 07533/93 52 22
Fax: 07533/93 52 23

Gerd Schnack
Fit in 7x7 Sekunden
Stretching für jeden Tag
KÖSEL